Leia, estude e divulgue as obras da lavra do médium Chico Xavier

CONHEÇA OUTRAS OBRAS DO MESMO AUTOR:

- SOB AS CINZAS DO TEMPO (Didier)
- DO OUTRO LADO DO ESPELHO (Didier)
- NA PRÓXIMA DIMENSÃO (Leepp)
- INFINITAS MORADAS (Leepp)
- A ESCADA DE JACÓ (Leepp)
- FALA DR. INÁCIO (Leepp)
- POR AMOR AO IDEAL (Didier)
- FUNDAÇÃO EMMANUEL (Leepp)
- NO LIMIAR DO ABISMO (Leepp)
- OBSESSÃO E CURA (Didier)
- CARTAS DO DR. INÁCIO AOS ESPÍRITAS (Leepp)
- REENCARNAÇÃO NO MUNDO ESPIRITUAL (Leepp)
- AMAI-VOS E INSTRUÍ-VOS (Leepp)
- TERRA PROMETIDA (Didier)
- ESTUDANDO "NOSSO LAR" (Leepp)
- SAÚDE MENTAL À LUZ DO EVANGELHO (Leepp)
- ESPÍRITOS E DEUSES (Leepp)
- A VIDA VIAJA NA LUZ (Leepp)
- TRABALHADORES DA ÚLTIMA HORA (Didier)
- JESUS E O ESPIRITISMO (Leepp)

LIVRARIA ESPÍRITA EDIÇÕES "PEDRO E PAULO"
Av. Elias Cruvinel, 1.202 - Boa Vista
38070-100 - Uberaba (MG) - Tel: (34)3322-4873
Site: www.leepplojavirtual.com.br - E-mail: leepp@terra.com.br

CASA EDITORA ESPÍRITA "PIERRE-PAUL DIDIER"
editora@editoradidier.com.br/ www.editoradidier.com.br
Telefone: (17)3426-8590
Rua Leonardo Commar, 3.179 - Bairro Pozzobon
CEP: 15503-023 - Votuporanga (SP)

O Jugo Leve

Carlos A. Baccelli
Inácio Ferreira

Revisão: Editora LEEPP

Arte Final da Capa: Paulo Moran

Projeto Gráfico: Cristiane de Oliveira

Impressão e Acabamento: Editora Vitória - edvitoria@mednet.com.br

FICHA CATALOGRÁFICA
(Preparada na Editora)

Baccelli, Carlos A.
O Jugo Leve / [pelo espírito] Inácio Ferreira ; [psicografado por] Carlos A. Baccelli, - Uberaba, MG : Livraria Espírita Edições "Pedro e Paulo", 2012.
216p. ; 14x21 cm.

ISBN 978-85-60628-35-3

1. Obras psicografadas. 2. Espiritismo.
I. Baccelli, Carlos A. II. Título
CDD-133.93

LIVRARIA ESPÍRITA EDIÇÕES "PEDRO E PAULO"
Avenida Elias Cruvinel, 1202 - Bairro Boa Vista
Telefax (0xx34) 3322-4873 - 38070-100 - Uberaba, MG
E-mail: leepp@terra.com.br - Site: www.leepp.com.br

1.ª edição - Do 1.º ao 10.º milheiro
Janeiro/2012

Impresso no Brasil

Printed in Brazil

LIVRARIA ESPÍRITA EDIÇÕES
"PEDRO E PAULO"

O Jugo Leve

Carlos A. Baccelli
Inácio Ferreira

Ano 2012
Uberaba-MG

"O JUGO LEVE"

"Vinde a mim, todos vós que estais aflitos e sobrecarregados, que eu vos aliviarei. Tomai sobre vós o meu jugo e aprendei comigo, que sou brando e humilde de coração, e achareis repouso para vossas almas, pois é suave o meu jugo e leve o meu fardo." – Mateus, cap. 11, vv. 28 a 30.

Efetivamente, sem o Cristo, toda ventura que o homem possa amealhar é simples arremedo de felicidade...

Toda alegria é tristeza sob disfarce...

Toda conquista é prenúncio de fracasso...

Toda glória é ilusão efêmera...

Toda paz é tranquilidade de superfície...

Toda esperança é expectativa inútil...

Sendo a cruz do dever retamente cumprido, o jugo do Cristo é o mais leve de todos os fardos que o homem possa, voluntariamente, tomar sobre os próprios ombros.

Por tal motivo, não se entende o porquê de alguém continuar preferindo, ao longo dos séculos, o que tão-somente lhe tem sido causa de profundo desencanto e imensa desdita...

Até quando prosseguiremos optando pelo egoísmo, que nos escraviza, pela descrença, que nos faz sofrer, e pelo ódio, que nos torna em feras?!...

Através das páginas deste livro singelo, eis que o Senhor, em cada lição, novamente nos chama, abrindo os braços, para nos acolher com a inexcedível ternura de quem se interessa por cada um daqueles que lhe foram entregues à sublime tutela:

— "Vinde a mim"!...

Prestes, pois, a nos sentirmos exauridos em todas as nossas forças, não mais nos conservemos indecisos ante o tempo, que urge, e, de uma vez para sempre, apressemos os passos em Sua direção.

Inácio Ferreira

Uberaba – MG, 2 de dezembro de 2011.

Índice

1

DESCULPAR E PERDOAR

"... e perdoa-nos as nossas dívidas, assim como nós temos perdoado aos nossos devedores..." – (Mateus, cap. 6 – v. 12)

Quase todos nós, na oração que Jesus nos ensinou a proferir a Deus – o "Pai-Nosso" –, quando não nos dispomos a perdoar aos nossos devedores, habitualmente proclamamos a própria condenação.

Na aludida prece que formulamos a Deus, o perdão que solicitamos é condicionado ao perdão que oferecemos.

Seremos perdoados na exata medida em que perdoarmos!

Quanto maior, pois, for a nossa necessidade de obter perdão, maior deve ser o nosso empenho em perdoar a falta mais grave que alguém nos haja feito.

O perdão é virtude a ser aplicada justamente ao que nos exija mais ampla capacidade de renúncia e compreensão.

Vejamos o exemplo do Cristo que, expirando no madeiro, vítima de injustiça e ingratidão superlativas, e sendo conduzido ao grau máximo de humilhação que a alguém pode ser imposta sobre a Terra, ainda mais motivações encontrou em Si para interceder em favor dos algozes.

O perdão não é uma virtude a ser gasta com o que pode e deve ser simplesmente desculpado por quem procura viver segundo o código das conveniências humanas, na vida em sociedade.

Assim, não confundamos a reação que se espera de quem possui boa formação moral e se mostra pessoa bem educada, com a coragem de perdoar a quem nos magoe mais profundamente, atitude que, não raro, chega a ser classificada pelos homens como covardia.

Porque, se desculpar é próprio de quem faz jus à sua racionalidade, demonstrando quanto do homem civilizado prevalece sobre a nossa herança animal, somente ao perdoar é que revelamos quanto do Cristo já existe em nós!

2

APARÊNCIA NÃO BASTA

"Tu, porém, quando jejuares, unge a cabeça e lava o rosto..." – (Mateus, cap. 6 – v. 17)

Neste versículo, anotado por Mateus, fica claro que, ao discípulo do Evangelho, aparência não basta.

De pouco vale o rótulo religioso que exibimos no terreno das convenções humanas.

Rígidas disciplinas espirituais não nos substituem a necessidade de unção do pensamento.

Demonstrações exteriores de crença, sem que nos apresentemos de consciência limpa no altar de nossas convicções, não traduzem sinceridade e não inspiram verdadeira confiança àqueles que nos observam de mais perto.

O que o homem estampa no rosto, raramente corresponde ao que guarda em seu coração.

Ninguém logra esconder de Deus as suas verdadeiras intenções.

Depois da morte do corpo, o crente que iludiu o próximo e explorou a boa-fé alheia faceará profundas e amargas decepções das quais tão cedo não se recuperará.

Os céticos mais arraigados são os que, em si mesmos, desmoralizaram a fé e, com as próprias mãos, cavaram o abismo da descrença no qual se precipitaram, arrastando consigo multidões de incautos.

Embora repletos de mazelas, não temamos nos mostrar ao Senhor qual ainda somos, porque, em nos observando o esforço honesto de superação, Ele haverá de nos auxiliar a ir além de nossos limites.

Mais de dois mil anos se passaram e, infelizmente, ainda não aprendemos que, em essência, religião é interioridade.

A hipocrisia dos religiosos que *"desfiguram o rosto com o fim de parecerem aos homens que jejuam"*, tem feito maior mal ao homem do que todas as teorias materialistas reunidas!

3

LUZ E TREVAS

"... caso a luz que em ti há sejam trevas, que grandes trevas serão!" – (Mateus, cap. 6 – v. 23)

Muitos são os que, julgando estar com a verdade, cometem os maiores enganos!

Certifiquemo-nos, pois, de que o ponto de vista que defendemos não nos induza, em tempo algum, a manifestações de agressividade contra os semelhantes.

As ideias que abraçamos sabem conviver, pacificamente, com as que lhe sejam antagônicas?

A razão jamais carece de recorrer à violência, para se impor.

Observemos quais são, no cotidiano, os frutos que produzimos, a fim de que mais bem possamos ajuizar quanto à natureza da fé que nos inspira.

As nossas convicções têm nos encorajado à imprescindível renovação?

O que pregamos também é realidade para nós ou somente para os outros?

Jesus afirma ser possível que, em nós mesmos, tomemos as trevas pela luz; todavia, não nos esqueçamos de que a luz espalha, em torno, a claridade do entendimento, ao passo que as trevas acendem as labaredas da discórdia.

Examinemos, atentamente, os valores aos quais nos temos consagrado, para não incorrermos no erro da intolerância e do moralismo que, quando exacerbados, prestam grande desserviço ao amor.

Vaidade e orgulho são cegueira do espírito!

Prepotência, na palavra e na ação, é incapaz de oferecer sustentação a qualquer obra construtiva.

O caminho a ser percorrido não se nos deve adaptar aos pés – os nossos pés é que devem a ele se ajustar!

Não exortemos ao extremo sacrifício a quem nos ouça, procurando, por nossa vez, acomodar uma almofada sob a cruz que nos pesa aos ombros!

4

COERÊNCIA

"... se uma casa estiver dividida contra si mesma, tal casa não poderá subsistir." – (Marcos, cap. 3 –v. 25)

Esforcemo-nos, tanto quanto possível, para que a nossa vida seja reflexo das nossas mais recônditas intenções.

Nenhuma mentira consegue se sustentar durante todo o tempo.

A máscara que se afivela ao rosto termina por cair.

Por mais retarde, a verdade sempre aparece e se perfila ao lado dos injustiçados.

Não imaginemos que possamos ser realmente felizes, conspirando contra a felicidade do próximo.

Ninguém cresce à custa de derrubar os outros.

Uma só lágrima alheia que tenhamos feito rolar,

misturada ao alicerce de nossas mais altas conquistas, mais cedo ou tarde, nos induzirá ao fracasso.

Uma só atitude de desonestidade é suficiente para que não conheçamos momentânea paz de consciência.

Para avançar, ninguém necessita subtrair o espaço de quem renteia com ele na caminhada.

Para que todas as ilusões se reduzam a escombros, é simples questão de tempo.

A derrocada dos que, aparentemente, triunfam no mundo, causando prejuízo a alguém, está, a cada dia, mais próxima.

A dor, indefectível meirinho de Divina Justiça, talvez ainda hoje nos bata à porta, exigindo a reparação do débito que supúnhamos esquecido.

Se não podes chegar aonde pretendes, agindo de maneira coerente, é melhor que te abstenhas.

Aprendamos a esperar que a Vida, espontaneamente, faça a nossa promoção e nos conceda o que nos julgue merecedores de receber.

5

NÃO SE PERDERÁ

"Assim lhes ensinava muitas coisas por parábolas, no decorrer do seu doutrinamento." – Marcos, cap. 4 – v. 2

As anotações de Marcos, no texto acima, deixam subentendido que nem tudo que Jesus ensinou ao povo foi devidamente registrado pelos Evangelistas.

Quantas lições maravilhosas transmitidas pelo Divino Mestre não devem ter se perdido ou, ou mínimo, se desvirtuado em seu verdadeiro sentido, pela imprevidência dos que não se preocuparam em grafá-las para a posteridade!

É sabido, por exemplo, que somente muito tempo depois os Evangelhos foram escritos pelos seus autores, que, talvez, confiando excessivamente na memória, não tiveram a iniciativa de escrevê-los quando mais oportuno.

Não obstante, o Cristo, quando a oportunidade se lhe apresentava, não se negava a ensinar a quantos se dispusessem a escutá-lo, mesmo sabendo que, apenas mais tarde, a sua palavra, recamada de amor e sabedoria, haveria de encontrar eco nos corações.

De nossa parte, pois, não nos preocupemos se, aparentemente, estamos pregando a ouvidos moucos ou a quem não nos esteja dando o devido valor ao verbo interessado na disseminação do Conhecimento.

Tampouco nos rendamos ao desalento porque, em nosso intuito de esclarecer, não estejamos encontrando imediata receptividade nos espíritos que ansiamos por libertar da ignorância.

Toda boa semente, ao seu tempo, germinará e produzirá frutos.

Todos aqueles aos quais falou Jesus no mundo, tocando-lhes o âmago do ser, se transformaram, depois, em elementos multiplicadores da essência de sua mensagem de Vida Eterna.

Das palavras pronunciadas por Ele, mesmo em não sendo todas convenientemente anotadas nas páginas dos Evangelhos, nenhuma só se perdeu, como, igualmente, nenhuma gota de suor que venhas a derramar na edificação do bem sobre a Terra se perderá sobre o deserto da indiferença dos homens.

6

ANTE O SARCASMO

"E riam-se dele, porque sabiam que ela estava morta." – (Lucas, cap. 8 – v. 53)

O episódio narrado por Lucas é repleto de ensinamentos. Os escribas e fariseus, com ironia, sorriram de Jesus, ao ouvir as palavras que Ele pronunciara a respeito da filha de Jairo: *"Não choreis; ela não está morta, mas dorme"*.

Que espécie de sabedoria era a deles, comparada à do Cristo?

O que os autorizava a escarnecer de quem já havia dado sobejos testemunhos de sua divina capacidade?

Segundo a cronologia das anotações do Evangelista, Jesus já havia curado o servo do centurião, acalmado o furor de uma tempestade, libertado o endemoninhado gadareno...

Assim, é possível que muitos venham a debochar do que tomemos a iniciativa de dizer ou do que nos proponhamos realizar, sob os auspícios do ideal que nos move.

Os que apenas e tão-somente sabem desdenhar do esforço alheio são de todos os tempos!

Os que nos espreitam a fim de ver se nós iremos fracassar são em muito maior número do que aqueles que nos observam, torcendo pela nossa vitória.

Habituemo-nos a sempre contar com opositores gratuitos aos nossos mais elevados propósitos, compreendendo que, não raro, é justamente o desafio que nos lançam o que nos leva ao esforço de autossuperação.

Ignorando-lhes, no entanto, o sarcasmo e o desdém, como quem segue intimorato no cumprimento do dever, sem se preocupar, um momento sequer, em lhes rebater a gargalhada estentórica, o Cristo simplesmente ordena que a filha do chefe da sinagoga se levante!

É que, perante o irrefutável argumento de nossas atitudes que se positivam em benefício do próximo, todos os sofismas humanos se anulam e todo palavrório dito com a intenção de nos desacreditar soa sem qualquer lastro moral que possa referendá-lo.

7

AOS TEÓRICOS DA FÉ

"Mas as multidões, ao saberem, seguiram-no. Acolhendo-as, falava-lhes a respeito do reino de Deus e socorria os que tinham necessidade de cura." – (Lucas, cap. 9 – v. 11)

O Cristo não foi um simples teórico do Reino de Deus.

Após falar às multidões, anunciando a Boa Nova, não lhes ignorava as necessidades imediatas.

Aos famintos, oferecia alimento.

Aos doentes, estendia o amparo direto de suas mãos.

A mensagem do Evangelho é incessante convite ao trabalho, que o crente sincero não deve relegar a outrem.

A ação no bem será sempre o complemento ideal da palavra de fé.

Por este motivo, Jesus se fez um Mestre diferente de quantos lhe antecederam a Divina Presença na Terra, falando sobre as realidades transcendentais da Vida.

Ele não se limitava a apontar o Caminho – mostrava-nos como deveríamos trilhá-lo.

Não apenas se reportava à Verdade – ensinava-nos a vivenciá-la.

Cuidando dos interesses eternos do espírito, não se mostrava omisso às dores transitórias do próximo.

Se, através de seu Verbo iluminado, nos arrebatava o pensamento a grandes alturas, sabia descer, a fim de nos socorrer rente ao chão de nossas carências.

A Verdade que ignora o sofrimento alheio nada sabe do Amor.

A voz de quem fala, mas não faz, nunca soa convincente aos ouvidos de quem a escuta.

Não nos preocupemos em ser aclamados pregadores do Evangelho, como se apenas a caridade da palavra esclarecedora fosse bastante para encher os estômagos famintos de pão e cicatrizar corpos feridentos que reclamam enfermagem pelas nossas mãos.

8

PASSAR O BASTÃO

"Convém que ele cresça e que eu diminua." – (João, cap. 3, v. 30)

Emocionante a atitude de João, o Precursor, que compreende o momento de sair de cena, para Jesus atuar no contexto da Revelação.

Assim que o Senhor se lhe mostra na condição do Messias, ansiosamente aguardado pelo povo, determina, inclusive, que os seus seguidores passem a segui-Lo.

Com facilidade, renuncia à liderança espiritual que, consoante as próprias palavras do Cristo, dele fez o maior dos profetas.

Submisso e solitário, caminha para o testemunho que lhe estava reservado.

Hora alguma ele se enciúma da presença de Jesus, entrando em disputas que não se justificariam – simplesmente anuncia: *"Convém que ele cresça e que eu diminua"*.

Foi desta maneira, admitindo a sua condição de mero coadjuvante, que João conseguiu brilhar com maior destaque.

Caso quisesse crescer, quanto ele não teria diminuído!

Diminuindo, porém, em sua rápida aparição nas páginas do Evangelho, fez-se um dos personagens mais fascinantes do Cristianismo nascente.

Aprendamos, com o exemplo de João, a ceder lugar e vez àqueles que surgem para suceder-nos.

Não queiramos perpetuar-nos nos cargos que ocupamos e mesmo nos encargos que jazem sob a nossa transitória responsabilidade.

Seja no que for que façamos, saibamos ser apenas fiéis guardiães da oportunidade alheia e nos regozijemos quando este ou aquele se mostre capaz de executar as tarefas que executamos com maior proveito em benefício de todos.

Infelizmente, poucos são os que sabem renunciar em favor dos outros, mesmo quando esses outros, talvez, sejam seus descendentes diretos nos quadros da consanguinidade.

9

QUANDO PRONTOS

"Senhor, disse-lhe a mulher: Vejo que tu és profeta." – (João, cap. 4 – v. 19)

Bastou um simples diálogo, para a mulher samaritana atinar com a condição de profeta do Cristo.

Com a sua apurada intuição, ela dispensou qualquer outra demonstração da grandeza espiritual da parte daquele com quem se avistava pela primeira vez.

Ao contrário dos doutores da lei, homens considerados eruditos, que viviam solicitando reiteradas provas da procedência divina a Jesus, ela contentou-se com a revelação pessoal que Ele lhe fizera em torno à fonte de Jacó.

Com certeza, esse foi um dos motivos que levaram o Divino Mestre a exclamar: *"Graças te dou, ó Pai, Se-*

nhor do Céu e da Terra, porque ocultaste estas coisas aos sábios e entendidos e as revelaste aos pequeninos".

A questão é que os que consideramos "pequeninos", talvez pela sua falta de projeção social ou títulos acadêmicos, deixam de ser tão pequeninos assim...

A anônima mulher da Samaria, que havia ido ao poço buscar água para a faina doméstica, era uma "gleba fértil", à espera tão-somente de que a boa semente lhe fosse atirada.

Isto demonstra que, de fato, quando estamos espiritualmente prontos, o nosso entendimento da Vida se amplia de maneira considerável.

Num átimo, conseguimos apreender o que, não raro, inteligências consideradas vigorosas levam muito mais tempo para assimilarem.

Então, de inesperado, vislumbramos a luz que nunca deixou de resplandecer à nossa volta.

Não desprezemos as tarefas consideradas de menor significância que somos chamados a desempenhar no cotidiano, porque o Senhor pode estar a nos esperar em qualquer uma delas.

E, se persistirmos em semelhante determinação na procura ardente a que nos devotamos, o nosso tão ansiado encontro com a Verdade pode ser que aconteça ainda hoje!

10

PRESTANDO CONTAS

"Digo-vos que de toda palavra frívola que proferirem os homens, dela darão conta no dia de juízo..." – (Mateus, cap. 12 – v.36)

Se de uma única palavra frívola, dita sem maiores consequências, os homens haverão de prestar contas, como será, então, com as suas atitudes, na mais discreta de suas ações?

O versículo anotado pelo Evangelista deixa implícito que o espírito não se redimirá completamente, enquanto não se desfizer da menor nódoa de culpa que lhe macule a consciência.

Portanto, não permaneçamos atentos apenas à infração que nos pode comprometer grandemente perante a Lei – não descuidemos das faltas menores que, uma vez cometidas, somadas umas às outras, terminam por se traduzir em enorme prejuízo.

Uma palavra ofensiva pode ser a origem de graves problemas que requisitarão profundos sacrifícios a fim de que sejam devidamente equacionados.

Um descuido qualquer no trânsito, por exemplo, pode ceifar vidas preciosas e interromper o curso do aprendizado dos que vierem a lhe sofrer as consequências.

Enquanto trouxermos em nós o menor traço de treva, nos revelaremos incapazes de refletir toda a claridade da luz.

O bem genuíno não guarda o mais tênue vínculo com o mal.

Procuremos não contemporizar com as próprias mazelas morais, a pretexto de, sob a nossa ótica, serem elas de importância secundária, em face dos resultados positivos do trabalho que desenvolvemos.

Quando os efeitos colaterais de determinado medicamento são mais numerosos do que os benefícios que nos pode prestar à saúde, a sua prescrição não está indicada.

Quase sempre, são os erros que o homem se permite cometer a varejo que o fazem assumir pesados compromissos a serem saldados por atacado, na multiplicidade das provas que se levantam por obstáculos às suas aspirações de felicidade e paz.

11

O GRANDE MEDO

"E entraram a rogar-lhe que se retirasse da terra deles." – (Marcos, cap. 5 – v. 17)

Por que os gerasenos rejeitaram a Jesus? Por que Ele lhes havia feito alguma espécie de mal? É evidente que não.

O Evangelista conta que o Senhor simplesmente havia curado *"um homem possesso de espírito imundo",* habituado a viver nos sepulcros, entre cadáveres.

O Cristo apenas o fizera recobrar o equilíbrio e lhe devolvera a dignidade de ser humano.

Quantas e quantas vezes não seremos nós incomodados, assim como os gerasenos, pelo bem que nos rodeia através daqueles que lutam para colocá-lo em prática?!

A presença do Divino Mestre, certamente, era luz em demasia para quem, desde muito, se habituara a tatear nas sombras.

Temerosos da renovação que, exortados por suas palavras e atitudes, seriam chamados a empreender em seu mundo íntimo, optaram pela cômoda situação que lhes convinha ao espírito.

Igualmente, de fato, muitas vezes, assim procedemos, quando nos sentimos exortados a abrir mão de equívocos e ilusões ardorosamente acalentados.

Tudo que se nos constitui ameaça a ultrapassadas concepções da Vida, conclamando-nos à imprescindível necessidade de mudança, nos perturba profundamente e nos leva a reagir com ingratidão e agressividade.

A crucificação de Jesus foi o reflexo do grande medo da Humanidade, em relação à Mensagem profundamente revolucionária de que Ele se fez portador.

Nunca ninguém falara aos homens com tamanha sabedoria e autoridade e nem tampouco demonstrara extrema capacidade de amar os semelhantes, despertando as consciências adormecidas e chamando-as à responsabilidade de viver.

12

NÃO DESPREZEMOS

"Pode porventura um cego guiar a outro cego? Não cairão ambos no barranco?" – (Lucas, cap. 6 – v. 39)

Não procuremos a indicação do caminho a trilhar com quem não consegue enxergá-lo, com nitidez, em todos os seus contornos.

Não exijamos de nossos semelhantes além da capacidade que possuem de nos oferecer de si mesmos.

Quando, no entanto, em dúvida quanto a certas decisões a serem tomadas, não desprezemos a experiência de quem já tropeçou e caiu.

Não há quem possa ensinar sobre o que não tenha aprendido.

É evidente que, consoante a palavra do Cristo, um cego não pode guiar outro, mas nada há que o impeça de falar ao amigo sobre os perigos de se aventurar, no escuro, em estrada desconhecida.

Não desconsideremos a vivência dos companheiros que – à custa de dissabores e reveses sofridos –, se transfiguraram em advertências vivas a quem preza viver de maneira insensata.

Sem doentes, não teríamos Medicina e nem médicos.

Quem nunca chorou não consegue ser consolo para ninguém.

Quem jamais passou fome não avalia o valor de um pedaço de pão para o faminto.

Aprendamos a ouvir os que não nos falam com a autoridade da virtude que ainda não conquistaram, mas com a dor que trazem no espírito pelos erros que apenas passaram a identificar depois de muitas desilusões.

Foi justamente quando, estando a expirar no madeiro, provou o amargo fel da ingratidão humana, que o Cristo nos falou a respeito do perdão com incomparável sublimidade.

Ouçamos o que tem a nos dizer o homem de caráter ilibado, que, desde o berço, não cometeu o menor deslize em sua trajetória, mas, quanto possível, escutemos também aquele que, sob o equívoco de suas mazelas, tantas vezes, enveredou por atalhos inconvenientes, sem desistir de retificar os passos na caminhada.

13

LIÇÃO DA PARÁBOLA

"Casualmente descia um sacerdote por aquele mesmo caminho e, vendo-o, passou de largo." (Lucas, cap. 10 – v. 31)

O acaso é a incompreensão que ainda possuímos das Leis que regem certos fenômenos da Vida.

Na Parábola do Bom Samaritano, contada por Jesus, o sacerdote não se conduziria por qualquer caminho, sem o dever de auxiliar – era sua obrigação estar sempre pronto a estender as mãos aos necessitados.

Por ter sido o primeiro a se deparar com o homem caído na estrada, foi, igualmente, o primeiro a ser convidado a prestar-lhe socorro.

Tendo sido escolhido, negou-se a ser instrumento da Divina Misericórdia.

Ele, portanto, ainda que estivesse atrasado para

oficiar no templo, não poderia relegar o cumprimento de semelhante tarefa a quem por ali depois passasse.

Caso aquele homem viesse a perecer, em consequência da agressão sofrida, a culpa da omissão poderia se lhe transformar em responsabilidade pelo seu desenlace.

A intercessão do bom samaritano, que prontamente agiu, evitou que o mal perpetrado pelos salteadores e a indiferença do sacerdote e do levita se consumassem em toda a sua extensão.

Vejamos que, não raro, basta um único gesto no bem para impedir que determinado problema se equacione sem tantas agravantes para os que nele se encontram envolvidos.

Ainda que diminuta, uma atitude positiva em favor de alguém pode gerar benefícios tais, que aquele que a pratica está longe de calcular.

Mas, por outro lado, gerada por um curto-circuito, uma única faísca pode ocasionar um incêndio de proporções inimagináveis.

Não acreditemos, pois, que a Lei venha nos solicitar contas apenas pela oportunidade que não sabemos aproveitar para sermos úteis, porque o descaso no cultivo do bem é a nossa maior contribuição para que o mal, à feição de erva daninha, continue a se propagar, sorrateiro, ocupando todo o espaço que o nosso comodismo lhe venha disponibilizar.

14

O REINO DE DEUS NA TERRA

"Não vem o reino de Deus com visível aparência." – (Lucas, cap. 17 – v. 20)

A Terra não se promoverá na hierarquia dos mundos à força de fenômenos exteriores.

A sua condição de orbe de provas e expiações é ditada pela condição espiritual daqueles que o habitam. Portanto, sem que os homens progridam na escala dos reais valores da Vida, a Terra continuará marcando passo nas sendas da evolução.

As catástrofes naturais que convulsionam o Planeta, a rigor, nada têm a ver com a tão ansiada chegada do Reino de Deus.

O exacerbar da violência na sociedade somente

coloca à mostra quanto o homem ainda deve se empenhar na melhora de si mesmo.

É claro que os acontecimentos negativos somados podem – e devem! – induzir a criatura encarnada a maiores reflexões quanto à sua urgente necessidade de mudança, mas não querem significar mais do que isso, principalmente, quando semelhante propósito não passa da esfera da palavra.

A construção do Reino de Deus entre os homens é trabalho para os séculos e os milênios e não se dará pela imposição do calendário e nem pelas profecias de caráter apocalíptico dos que predizem o seu advento.

A bem dizer, o Reino de Deus, a se edificar nos corações que a ele aspiram, é conquista individual, a refletir-se na coletividade.

Não esmoreçamos, pois, no sentido de oferecer em nós os firmes alicerces sobre os quais a Nova Era se levantará na Humanidade.

Se o homem, por exemplo, não aprendeu solidariedade legítima com as últimas duas grandes guerras que assolaram a Civilização, talvez não venha a fazê-lo, caso um terceiro conflito bélico, agora de maiores proporções, o constranja à penosa tarefa do recomeço.

Façamos o bem na medida de nossas possibilidades, renovando-nos, com sinceridade, a cada dia, e efetivamente estaremos cooperando com o Senhor na grande obra que há de fazer da Terra o mundo melhor de amanhã.

15

NO DIA SEGUINTE

"E no sábado descansaram, segundo o mandamento." (Lucas, cap. 23 – v. 56)

Sem nenhum espírito de crítica, analisemos o versículo acima.

Crucificado numa sexta-feira, *"as mulheres que tinham vindo da Galileia com Jesus, seguindo, viram o túmulo e como o corpo fora ali depositado."*

Não somente as mulheres mas também os homens que se fizeram discípulos do Divino Mestre, em mais de uma oportunidade, o haviam escutado afirmar que o sábado fora feito para o homem, e não o contrário.

No livro de Êxodo, capítulo 20, versículo 10, estava escrito: *"Mas o sétimo dia é o sábado do Senhor teu Deus; não farás nenhum trabalho, nem tu, nem teu filho, nem tua filha, nem o teu servo, nem a tua serva, nem o teu animal, nem o forasteiro das tuas portas para dentro..."*

Mas foi justamente num dia de sábado que Jesus efetuara a cura do homem da mão ressequida e a de muitos outros que o seguiam.

Bastou, no entanto, que o Senhor não estivesse com eles um só dia, para que, de imediato, os adeptos incipientes da Boa Nova relegassem ao esquecimento as suas lições.

Diante do exposto, imaginemos o que haveria de ser do futuro do Evangelho, na Terra, se o Cristo não tivesse ressuscitado naquela inesquecível manhã de domingo!

Muito provavelmente, aqueles com os quais convivera, de maneira mais estreita e constante, durante três anos, dando-lhes provas cabais de sua identidade, voltariam, de imediato, à prática dogmática da fé.

O episódio em estudo nos leva a refletir em nossa fragilidade espiritual, pois, para crermos no amor de Deus por nós, carecemos que, todos os dias e momentos, Ele nos dê provas desse amor.

Porque nos bastará um único dia de provação, para olvidarmos todas as bênçãos que, nos demais dias da semana, em todos os anos de nossa vida, o Senhor nos tem prodigalizado a mancheias.

16

OUVIR E GUARDAR

"Ele, porém, respondeu: Antes bem-aventurados são os que ouvem a palavra de Deus e a guardam!" (Lucas, cap. 11 – v. 28)

À mulher que, estando entre a multidão, exclamou: *"Bem-aventurada aquela que te concebeu e os seios que te amamentaram!"*, Jesus respondeu, igualmente exclamando: *"Antes bem-aventurados são os que ouvem a palavra de Deus e a guardam!"*

É possível que o sentido que a mulher imprimira às suas palavras de exaltação ao Senhor contenha certo propósito de isenção de responsabilidade pessoal, por ela não participar de sua parentela consanguínea.

Talvez, no fundo, quisesse ela assim se expressar: *"Não tenho contigo nenhuma obrigação ou vínculo..."*

Auscultando-lhe, porém, o íntimo e nele percebendo a intenção inconsciente da Humanidade de sempre eximir-se, Jesus se apressa a responsabilizar todos os que têm algum contato com a Verdade, ainda que seja breve e lhe soe aos ouvidos por lábios desconhecidos.

Observemos, ainda, nas palavras que nos inspira a presente reflexão, que dois verbos se destacam no texto: *ouvir* e *guardar!*

Do ponto de vista espiritual, o significado de *ouvir* é muito mais abrangente que o de simplesmente *escutar,* uma vez que todos escutam, poucos, no entanto, são os que ouvem, ou seja, que registram o que escutaram.

E somente aqueles que *ouvem* serão capazes de guardar, se, caso, verdadeiramente, se interessarem pelo que está sendo dito.

Em todos os tempos, os que *ouvem* e *guardam* as palavras do Senhor, espiritualmente fecundados por elas, conceberão a luz e haverão de alimentá-la para que cresça e resplandeça no mundo, dissipando as trevas.

A todos nós, portanto, junto dos homens – nossos irmãos –, cabe a missão da maternidade ou da paternidade espiritual do Evangelho, fazendo-o nascer de nossas entranhas qual Jesus veio a nascer de Maria e José, que se uniram no propósito de lhe dar corpo sobre a Terra!

17

ANTES DE TUDO

"Buscai, antes de tudo, o seu reino, e estas coisas vos serão acrescentadas." – (Lucas, cap. 12 – v. 31)

Quando Jesus pronuncia as palavras acima, dirigindo-se a seus discípulos, ele estava querendo se referir ao que o homem deve eleger por prioridade na Vida.

Segundo a descrição do Evangelista, andavam eles, então, ansiosos pelo que haveriam de comer e vestir, excessivamente preocupados com os bens transitórios da existência comum.

É legítimo, sim, que o homem se preocupe com a aquisição honesta do pão de cada dia, de maneira a não se tornar pesado a ninguém. Não obstante, desde que se disponha a fazer o mínimo ao seu alcance, a Providência Divina não o deixará em situação de desamparo.

Há milênios, desde os primórdios de sua presença no orbe terrestre, antes mesmo que aprendesse a cultivar, o homem vem logrando extrair da terra o necessário ao seu sustento – o Sol e a chuva são dádivas do Criador, fazendo crescerem as sementes no chão!

A questão, porém, é muito mais grave do que se nos apresenta numa rápida análise, porque diz respeito à ambição de ordem material em detrimento dos valores de natureza espiritual.

O Cristo é o supremo libertador do espírito. Em todas as ocasiões, quando pregava, dirigia-se ele ao ser imortal e não à roupagem física que o recobre e se corrompe pela desencarnação. O seu intuito era o de tornar-nos conscientes do que somos e não do que aparentamos.

Antes de tudo, portanto, se torna indispensável que, integrantes do *"pequenino rebanho",* conforme, carinhosamente, se dirigiu a nós, seus seguidores, atentemos para o que ele nos recomenda com a sua visão de Vida Eterna: *"Vendei os vossos bens e dai esmola; fazei para vós outros bolsas que não se desgastem, tesouro inextinguível nos céus, aonde não chega o ladrão nem a traça consome..."*

Porquanto se, de fato, nos empenharmos na conquista dos valores que são para sempre – os bens incorruptíveis da alma! –, não teremos motivos para nos afligirmos por aquilo que será mera consequência da semeadura espiritual que efetuarmos.

18

ÚNICO MOMENTO DE LUCIDEZ

"Respondeu Pilatos: O que escrevi, escrevi." – (João, cap. 19 – v. 22)

Em não mais que meia dúzia de palavras, João registra o único momento de lucidez de Pilatos, no episódio do julgamento que culminou com a crucificação de Jesus.

De fato, o que ele havia escrito, com a sua atitude injusta de magistrado irresponsável, contra ele mesmo estava escrito!

A Lei Divina registrara, nos mínimos detalhes, a sua participação no crime mais grave que a Humanidade, como um todo, até hoje cometeu.

Curioso é que, deixando de lado as questiúnculas de natureza teológica, nas quais Pilatos se envolve com os sacerdotes, discutindo por causa da legenda que seria colocada no cimo da cruz, em momento algum, ele se mostra disposto a rever a sentença condenatória, nos apelos que lhe haviam chegado pela absolvição do culpado sem culpa.

Quanto, nas vidas que se sucedem nestes quase dois mil anos, não deve estar custando ao representante de César, na Judeia, a sua voluntária omissão e teimosia em fazer com que a força do cargo prevalecesse, talvez até contra o clamor de sua consciência?

As palavras pronunciadas por Pilatos revelam o peso do humano orgulho, cuja primeira vítima é sempre aquele que o ostenta.

São muitos os que, de maneira insensata, repetem: *"não volto atrás"; "o que falei está falado"; "não me arrependo do que fiz e, caso pudesse, faria tudo de novo..."*

Nunca será demais recordar que, aquilo que o homem semear é o que, igualmente, haverá de colher, com as atenuantes e agravantes correspondentes à ação deflagrada.

Naquele momento, a Misericórdia Divina também concedeu ao governador romano a oportunidade de voltar atrás e, em pleno uso de seu livre-arbítrio, reescrever a própria história.

Porque, entre o que deliberamos fazer e o que fazemos, sempre existe, em nosso favor, diminuta fração de tempo que nos permite não desfechar o golpe ou sustar a decisão no gesto que, uma vez consumado, há de nos custar muito caro ao espírito!

19

PENSEMOS NISTO

"Tenho ainda muito que vos dizer, mas vós não o podeis suportar agora..." – (João, cap. 16 – v. 12)

No texto acima, Jesus se refere, com clareza, ao dinamismo com que a Verdade deve se apresentar ao homem, a fim de ser devidamente assimilada por ele.

A excessiva luz, para quem traz os olhos habituados às trevas, em vez de lhe ampliar a capacidade visual, pode induzi-lo a temporária cegueira.

Não se oferece à criança nascitura o alimento destinado a um adulto.

Nicodemos, uma das inteligências mais brilhantes da época, não foi capaz de entender o que Jesus lhe disse com *"ninguém pode ver o reino de Deus, se não nascer de novo."*

Era bastante comum que os próprios Apóstolos lhe solicitassem explicação em torno desta ou daquela Parábola que ele lhes contara.

Quando, noutra oportunidade, ele afirma ser *"o pão que desceu do Céu"*, por não compreenderem o sentido profundo do ensinamento, *"muitos dos seus discípulos o abandonaram e já não andavam com ele."*

De outras vezes, a sua sinceridade, mormente quando se dirige aos escribas e fariseus, parece se transfigurar em vergasta aos seus lábios: *"Ai de vós, escribas e fariseus, hipócritas! porque fechais o Reino dos Céus diante dos homens; pois vós não entrais nem deixais entrar os que estão entrando"*.

Justamente por não suportar serem desnudados, em seus propósitos e intenções escusas, é que, contrariados em seus interesses, os homens começaram a tramar a sua morte.

Restaurando o Cristianismo, a Doutrina Espírita também se caracteriza por revelar a Verdade aos homens de maneira gradativa – por esta mesma razão, o Espiritismo, codificado por Allan Kardec, não é uma doutrina que nada mais tenha a acrescentar ao que já foi dito.

Parafraseando Jesus, os Espíritos Superiores que, através do canal da mediunidade, transmitem aos homens, na Terra, valiosas informações acerca da Vida além da morte, poderiam, igualmente, repetir: — *Temos ainda muito que vos dizer, mas vós não o podeis suportar agora!...*

20

OS MORALISTAS

"Fazei e guardai, pois, tudo quanto eles vos disserem, porém não os imiteis nas suas obras; porque dizem e não fazem." – *(Mateus, cap. 23 – v. 3)*

Falando *"às multidões e aos seus discípulos"*, Jesus os adverte para a incoerência dos escribas e fariseus que, sentados na cadeira de Moisés, ensinavam o que não se preocupavam em vivenciar.

Os moralistas, de fato, são de todos os tempos – à feição de erva daninha, medram em todos os campos!

O Mestre, no entanto, a eles se refere sem meias palavras: *"Atam fardos pesados [e difíceis de carregar] e os põem sobre os ombros dos homens, entretanto eles mesmos nem com o dedo querem movê-los"*.

Infelizmente, no Espiritismo, também nos deparamos com os que mais atentam para o que chamam de "pureza doutrinária" do que para a aplicação da Doutrina em suas vidas.

São os patrulheiros ideológicos da alheia conduta, imaginando que isto lhes bastará para que redimam a si mesmos.

Extremamente ágeis em apontar este ou aquele pequeno deslize interpretativo sobre determinada questão de natureza doutrinal, mostram-se excessivamente tardos em colocar em prática as mais comezinhas noções de solidariedade humana.

Vivem de dedo em riste, mas jamais de mão estendida.

Criticam aquilo que julgam estar errado, mas não se dispõem a ombrear com quem esteja procurando acertar.

O seu intuito, na maioria das vezes, é o de se promover à custa da lei do menor esforço.

São especialistas em demolir o que consideram por mal, mas não aprenderam a assentar um único tijolo na construção do bem.

Imaginando-se investidos da missão de defender a Causa que abraçam, revelam-se irascíveis e, por suas reações patológicas, deixam entrever que, noutras circunstâncias, não hesitariam em mandar para a fogueira os que lhes contrariam os pontos de vista.

Se, porém, não devemos desprezar de todo o que dizem, consoante a palavra do Senhor, em nenhuma de suas obras, procuremos imitá-los.

21

ATUALIDADE

"Porquanto se levantará nação contra nação, reino contra reino e haverá fomes e terremotos em vários lugares..." – (Mateus, cap. 24 – v. 7)

As palavras de Jesus, ditas há quase dois mil anos, soam, nos dias que correm, com impressionante atualidade.

A Terra vem reagindo às constantes agressões sofridas pelo homem e parece revolver-se em suas próprias entranhas.

A superpopulação do Planeta – contando sete bilhões de almas! – com má distribuição de renda e a exploração dos países pobres pelos países ricos, com a corrupção de permeio, nos leva a deduzir que, dentro em breve, a fome, que hoje assola mais de um bilhão de pessoas, fará maior número de vítimas.

Os países, defendendo pontos de vista exclusivistas, infelizmente, não se entendem e, sob o pretexto de defenderem a sua soberania territorial, se armam para a guerra, dando mostras do primitivismo humano.

As crenças religiosas que, unidas, deveriam empenhar-se em oferecer ao homem suporte espiritual – salvando a Humanidade do abismo do ceticismo a que ela se lança –, na exploração mercenária da fé, estão se convertendo em empresas que objetivam lucro financeiro.

O próprio Espiritismo, através da infiltração das trevas, não vem escapando ao caos de ordem moral que intenta a derrocada dos valores da civilização, conspirando contra a libertação espiritual da criatura encarnada.

Não duvidemos que, em tempo muito menor, venha a suceder à Doutrina Espírita o que aconteceu ao Cristianismo, que, por escusos interesses, teve a sua mensagem deturpada a partir de concessões feitas ao paganismo.

A fim de permanecer como fiel guardião do Evangelho, que é sua tarefa precípua, o Espiritismo, sob qualquer pretexto, não deve envolver-se em disputas pelo poder transitório e tampouco fugir à simplicidade que norteia a sua prática.

Neste sentido, apelamos aos companheiros de Ideal para que, renunciando a si mesmos, não se esmerem tanto na organização de suas instituições quanto devem esmerar-se na vivência cotidiana dos Princípios que abraçam e que, sem dúvida alguma, resumem, sobre a Terra, as melhores esperanças do Cristo em relação ao futuro da Humanidade.

22

O MAIOR FENÔMENO

"Jesus, porém, arrancou do íntimo do seu espírito um gemido e disse: Por que pede esta geração um sinal? Em verdade, vos digo que a esta geração não se lhe dará sinal algum." – (Marcos, cap. 8 – v. 12)

Segundo anotações de Marcos, os fariseus, que viviam tentando Jesus, pediram-lhe um sinal do Céu, que, certamente, viesse por endosso aos seus ensinamentos.

Em nível de inteligência e coração, eles não se sentiam tocados por eles.

Queriam ver para crer!

Imitavam os que, na atualidade, solicitam provas da sobrevivência da alma, para admitirem os postulados espíritas.

Não passou despercebido ao Evangelista que Jesus, sofrendo, então, com a sua excessiva incredulidade, *"arrancou do íntimo do seu espírito um gemido"*, que chegava a ser quase um lamento.

É que o Divino Mestre antevia quanto, ao longo das vidas sucessivas, eles haveriam de sofrer para edificarem a fé no espírito.

Que sinal maior eles poderiam querer, além daqueles que, todos os dias, aos seus sentidos físicos lhes eram prodigalizados pelo Senhor?

A verdade, porém, é que o Cristo, ainda hoje, cercado pela turba dos incrédulos, continua a gemer pelos que permanecem na expectativa de uma prova pessoal e definitiva, a fim de que possam dar crédito às suas palavras.

No recinto dos templos religiosos ou fora deles, clamam por fenômenos inusitados que, caso fossem produzidos para atendê-los, mais tarde, haveriam de interpretar por alucinação de suas faculdades.

O Espiritismo, sendo a doutrina da Fé Raciocinada, constitui evidente apelo à razão.

Como escreveu Allan Kardec, o espírita verdadeiro crê porque compreendeu e não porque viu; assim sendo, não necessita de maiores justificativas para começar a empreender, em si e por si, o maior fenômeno que, dentre todos, a Doutrina é capaz de empreender, que é o de sua renovação interior.

23

CANDEIAS HUMANAS

"Ninguém, depois de acender uma candeia, a põe em lugar escondido, nem debaixo do alqueire, mas no velador a fim de que os que entram vejam a luz." – (Lucas, cap. 11 – v. 33)

A candeia, uma vez acesa, é chamada a cumprir com a missão de fazer luz.

Jesus afirma que ela deve permanecer exposta e não escondida.

Não obstante, muitos são os que, incomodados por ela, intentarão apagá-la.

Os invejosos incapazes de brilhar com luz própria...

Os egoístas que desejam monopolizar a sua claridade...

Os maledicentes que haverão de lhe questionar o esplendor...

Os ambiciosos que teimarão em não lhe conceder espaço à luminosidade...

Os críticos que, de todas as maneiras, buscarão impedir que ela dissipe as trevas em torno...

Se nos propomos a fazer luz, através da tarefa espírita que abraçamos, estejamos preparados para os que haverão de pelejar no sentido de eclipsá-la.

Na atual conjuntura evolutiva da Humanidade, é impossível que a luz, onde se faça, por mais tênue e diminuta, não venha a ser acossada pelas sombras.

Tramas obscuras se arremeterão contra ela...

O escuro vendaval das adversidades soprará de rijo...

As noites da provação se farão mais solitárias...

Golpes traiçoeiros lhe serão desfechados, impiedosos...

Tenebrosos abismos se lhe escancararão aos pés...

Perseverando, no entanto, no cumprimento do dever que nos cabe, permaneçamos conscientes de que, na condição de singelas candeias humanas, a luz que refletimos, por não pertencer originariamente a nós, e, sim, ao Cristo – a Luz Excelsa do Mundo! –, jamais alguém sequer logrará fazer diminuir de intensidade.

24

EM ALTA VOZ

"E, tendo dito isto, clamou em alta voz: Lázaro, vem para fora!" – (João, cap. 11 – v. 43)

Não esperemos que a Vida nos chame, *"em alta voz"*, para que saiamos de nós mesmos!

Como Lázaro, às vezes, dormimos tão profundamente, que necessitamos de uma "voz" que nos desperte de maneira inequívoca.

O sofrimento, através das provações que nos alcançam, costuma falar-nos com tanta eloquência, que não dá margem alguma a não ser ouvido ou retrucado.

Com certeza, no episódio que envolve o irmão de Marta e Maria, muitos já haviam pranteado a sua morte aparente, clamando pelo seu retorno à responsabilidade de viver.

De nenhum deles, no entanto, Lázaro escutou as ponderações, continuando espiritualmente inerte.

Porém, narra o Evangelista que, quando o Cristo se lhe dirige com a sua autoridade inconfundível, *"saiu aquele que estivera morto, tendo os pés e as mãos ligados com ataduras e o rosto envolto num lenço"*.

Nem todos nós, qual ocorreu a Lázaro, merecemos, é óbvio, a bênção de sermos diretamente chamados pelo Divino Mestre, mas estejamos convencidos de que, mais cedo ou tarde, seremos todos exortados a sair da profunda letargia a que nos entregamos.

Os que se retraem e se negam a participar do concerto da Vida, por ociosidade ou rebeldia ou mesmo porque tenham sido, de inesperado, atingidos por esta ou aquela natural experiência de dor, haverão de ser subtraídos ao seu voluntário ostracismo por uma dor muito maior.

Atendamos, assim, aos apelos do bom senso e da lógica e, desatando os pés e as mãos das ataduras que nos tolhem os movimentos, não nos eximamos de viver e servir, consoante os Desígnios de Deus.

As palavras que o Senhor dirigiu a Lázaro, ainda hoje, ressoam na consciência de cada um de nós, para que, deixando a posição horizontal de quem se encolhe e se anula, assumamos a postura vertical de quem, vencendo abatimentos de toda ordem, se converte em vivo traço-de-união entre a Terra e o Céu.

25

LAVAR OS PÉS

"Ora, se eu, sendo o Senhor e o Mestre, vos lavei os pés, também vós deveis lavar os pés uns dos outros." – (João, cap. 13 – v. 14)

Infelizmente, a não ser por mera formalidade, quase ninguém atende à recomendação do Senhor, quando nos diz que devemos lavar os pés uns dos outros.

De maneira geral, o que se vê entre os que se consideram seguidores do Evangelho é uma infindável disputa pelo poder.

Em vez de nos considerarmos na condição de companheiros e adeptos da mesma Causa, nos atritamos tão inconsequentemente, que, pelo nosso comportamento, chegamos a expor a escárnio público as ideias que nos são caras.

Quando o Mestre tomou a iniciativa de lavar os pés dos discípulos, durante a última ceia, estava para se estabelecer grave dissensão entre eles, provocada pelo episódio da traição.

Com o intuito de pacificá-los e fortalecê-los para as lutas vindouras, prestes a exacerbarem-se, ele se levanta e, à semelhança de um servo comum, cinge-se com uma toalha e, pondo-se de joelhos, passa a banhar-lhes os pés.

Se os cristãos pertencentes à mesma escola de fé, não raro, mal se suportam, chegando às raias da agressão física e da extrema deslealdade, como haverão de se relacionar com os demais irmãos em Humanidade, vinculados a outras interpretações do Evangelho, para a edificação do Reino de Deus sobre a face da Terra?

Deixaremos que a vaidade e o personalismo nos subam a tanto, ao ponto de nos transformarmos em pedras de tropeço aos propósitos do Cristo, a quem dizemos servir?

Desde que não estejamos a serviço de nós mesmos, sempre nos será possível trilhar o caminho do entendimento, em torno de pontos de vista divergentes.

Não há ponto doutrinário que seja inconciliável, porque, em face da mensagem maior do Amor que nos cabe exemplificar, todas as polêmicas carecem de sentido e, a pretexto de defender a Verdade, todos os conflitos não encontram uma só justificativa.

26

A PERGUNTA

"E eles começaram a entristecer-se e a dizer-lhe, um após outro: Porventura sou eu?" – (Marcos, cap. 14 – v. 19)

A pergunta que os doze dirigem a Jesus, a respeito de quem haveria de traí-lo, demonstra que nenhum deles estava seguro de si – nenhum deles se conhecia tão a fundo, ao ponto de possuir plena consciência de que não o trairia.

Que semelhante lição nos sirva de reflexão, quanto às fragilidades que ainda carregamos no espírito, desconhecidas até mesmo de nós, seus portadores.

Por este motivo, a fim de que não venhamos a cair em profunda tristeza, precisamos estar sempre vigilantes.

Existem companheiros que se concentram excessivamente sobre o conhecimento das mazelas alheias, ignorando as que lhes dizem respeito.

Ninguém cai em consequência da imperfeição do outro.

Somos nós próprios os maiores responsáveis pelos fracassos que nos acometem.

Em verdade, foi Judas quem, naquela circunstância, traiu o Senhor, mas, ao longo dos séculos transcorridos, quantos não têm sido os que o traíram e traem no cotidiano?

A intenção do filho de Iscariotes, talvez, realmente fosse de ordem política, pretendendo para o Cristo a condição de líder revolucionário da nação subjugada. Mas ele nada fez, por exemplo, que atentasse contra a integridade do Evangelho, agindo como tantos agiram e agem, deturpando o sentido dos textos sagrados.

Não significaria também alta traição à causa da Boa Nova, toda vez que, através de nossas atitudes, desmentimos a Mensagem que pregamos?

Toda e qualquer concessão que fazemos ao mal, em nós mesmos, é conspiração contra a vitória do bem, e, neste sentido, raros são os que não nos corrompemos por muito menos do que Judas teve a infelicidade de corromper-se!

27

REFLEXÕES

"Em verdade, vos digo que tudo o que ligardes na Terra, terá sido ligado no Céu, e tudo o que desligardes na Terra, terá sido desligado no Céu." – (Mateus, cap. 18 – v. 18)

Todos os Planos de Vida, no Universo, estão intimamente conectados e são solidários entre si.

Toda ação provoca imediata reação que lhe corresponde em força e intensidade.

Ninguém se exime de colher o que plantou.

O tempo é portador de excelente memória e não deixa uma única injustiça cometida sem reparação.

Toda tentativa do homem em ludibriar a própria consciência é inútil.

Carregamos, em nosso íntimo, o tribunal que nos condena ou que nos absolve.

Somos a consequência do que fazemos de nós.

O amanhã será resultado do hoje.

Para o espírito, estar encarnado ou desencarnado é apenas fenômeno de natureza periférica.

A existência no Mundo Material e a existência no Mundo Espiritual são reflexo uma da outra.

Há quem semeie aqui e agora, para colher alhures e depois.

O aprendizado é contínuo e jamais se interrompe.

Em nossa cartilha de lições, não há desperdício de uma só gota de suor, nem de uma única lágrima.

Em sua longa jornada para Deus, por mais profundo seja o abismo em que o espírito se precipite, um dia, ele atingirá culminâncias!

Os limites vibratórios nos quais a Vida se manifesta, dentro e fora da matéria, são ilusórias fronteiras estabelecidas pela mente humana, porque, em realidade, Deus preenche o Universo e, como disse o Apóstolo, *"nele vivemos, e nos movemos, e existimos..."!*

28

LAVOURA CULTIVÁVEL

"Disse ainda: O Reino de Deus é assim como se um homem lançasse a semente à terra..." – (Marcos, cap. 4 – v. 26)

Pelas palavras de Jesus, depreende-se que o Reino de Deus é lavoura cultivável no espírito.

Ninguém, simplesmente, lança a semente à terra e lhe vira as costas, confiando na ação das forças da Natureza.

Torna-se necessário defendê-la contra a agressão das ervas daninhas e das intempéries, zelando para que germine, cresça, vindo, depois, a frutificar.

Enquanto não colhe os frutos da semeadura efetuada, o agricultor não dá por concluída a sua laboriosa tarefa e não descansa a enxada.

Todo homem é dotado de virtudes em potencial

que, evidentemente, para virem à luz, carecem de ser trabalhadas.

Não há, por exemplo, quem adquira a difícil virtude da paciência, sem que se empenhe na compreensão dos semelhantes.

Perdoar não é decisão que se tome de maneira extemporânea.

Servir não se resume à ação isolada de um dia só.

Ao longo dos séculos e milênios, o homem tem-se devotado, quase que com exclusividade, à cultura da forma transitória em que se expressa no cenário do mundo.

Poucos são os que realmente entendem que necessitam exercitar a sua própria espiritualidade, como a criança que, a fim de aprender a ler, escreve, reiteradas vezes, as letras do alfabeto.

Todo avanço, ainda que seja de um milésimo de centímetro por dia, é significativo para o espírito.

Diminuta luz que se persevera por manter acesa tende a transformar-se em clarão.

Humilde filete d'água, a correr entre as pedras, pode vir a ser a nascente de um rio volumoso.

Além da prática consciente do mal, a única atitude que devemos procurar evitar é a da indiferença, pois até mesmo a experiência de vida que redunde em fracasso nos é útil ao despertar espiritual.

29

POR OUTRO PRISMA

"Porém muitos primeiros serão últimos; e os últimos, primeiros." – (Mateus, cap. 19 – v. 30)

Há, evidentemente, no texto acima, uma interpretação óbvia: os humilhados e injustiçados, que, de hábito, são relegados pelas convenções humanas aos últimos lugares na Terra, serão os primeiros nos Planos da Vida Maior – isto, porém, se souberem absorver os rudes golpes da provação com grandeza espiritual.

O estudo em pauta comporta, no entanto, preciosa lição sob outro prisma interpretativo.

Como os espíritos que hajam sido criados por último poderão vir a ser os primeiros a alcançar a perfeição a que estamos todos destinados? Seria isto possível?

Não vemos, por exemplo, entre irmãos consanguíneos, os mais novos se destacarem sobre os mais velhos, inclusive passando à condição de seus conselheiros e orientadores, e tal não apenas no campo dos negócios de ordem econômica?

É que, no curso incessante do tempo, o aproveitamento das experiências na reencarnação é pertinente a cada um.

Existem espíritos que, pelo seu perseverante esforço na tarefa do aprendizado comum, chegam a se adiantar àqueles que lhe estão à frente na caminhada evolutiva.

O espírito jamais retrograda, mas, em determinadas circunstâncias, pode se lançar num círculo vicioso, de provas repisadas, de que custará a encontrar a saída.

Carecemos, pois, estar atentos ao carma passível de ser adquirido, de vez que, de acordo com a natureza do compromisso que, voluntariamente, viermos a assumir, poderemos nos embaraçar por longo período de tempo.

Certos problemas, a fim de serem equacionados e liberarem de culpa a consciência que os criou, requisitam reiterados esforços, em sucessivos estágios no corpo carnal.

Enquanto isto, o espírito que faz opção pelo caminho correto, sem se desviar da trajetória que a Vontade Divina lhe traça, avança sem desnecessárias capitulações e atinge o objetivo mais cedo, com considerável economia de suores e lágrimas.

30

SEMPRE A CAMINHO

"E, pondo-se Jesus a caminho, correu um homem ao seu encontro..." – (Marcos, cap. 10 – v. 17)

Em várias passagens, o Evangelho nos mostra que Jesus sempre estava a caminho, como quem procura um objetivo.

Em momento algum, percebemos o Divino Mestre estático, esperando que as coisas venham a ele, sem que, por sua vez, se disponha a ir ao encontro delas.

O homem que não se movimenta pode esperar muito tempo pelo que pretende alcançar.

O Evangelho surge do dinâmico contato do Senhor com o povo e, da primeira à última página, é um livro de ação.

Recorrendo às anotações de Marcos, vejamos:

- *"E tendo partido dali, passavam pela Galiléia..."*

- *"Tendo eles partido para Cafarnaum..."*

- *"Levantando-se Jesus, foi dali para o território da Judeia..."*

- *"Estavam a caminho, subindo para Jerusalém..."*

Como podemos querer que as bênçãos do Alto mais cedo nos encontrem, se não caminhamos em sua direção, fazendo encurtar a distância?

Movimentar as pernas é atitude indispensável para que o espírito se liberte da mesmice e vislumbre outros ângulos da paisagem que o cerca.

Precisamos fazer com que o bem que pretendemos nos aconteça.

Sem que tomemos a decisão de mudar, para nós não existirá mudança.

Quando nos recusamos a fazê-lo por nós mesmos, a dor, em essência, é mero *instrumento* que nos constrange a sair do acomodamento.

Desde o primeiro dia de seu Apostolado no mundo, o Senhor não cessou de caminhar!

E, até mesmo, quando toma o rumo do Calvário, ele nos ensinou que não nos basta ombrear a cruz e nos acomodarmos sob o seu peso: é imprescindível caminhar com ela!

31

PERIGOSA ILUSÃO

"Ele, porém, se retirava para lugares solitários e orava." – (Lucas, cap. 5 – v. 16)

Após ter efetuado a cura de um leproso, Jesus lhe recomenda discrição, ordenando-lhe *"que a ninguém o dissesse"*, exceto que, conforme prescrevia a lei, fosse mostrar-se ao sacerdote.

No entanto, os seus feitos extraordinários cada vez mais se difundiam e, segundo Lucas, *"grandes multidões afluíam para ouvi-lo e serem curadas de suas enfermidades"*.

Por que será, contudo, que o Senhor sempre se retirava para lugares solitários, pondo-se em oração?

Qual seria o seu receio?

Com certeza, o Mestre sabia o perigo que representa a idolatria para qualquer que se encontre sob o jugo da carne.

Ele fugia ao incenso humano, infelizmente, tão a gosto dos que estimam ser grandemente elogiados por bagatelas.

Notemos que Jesus, tendo vindo à Terra para divulgar, através da palavra e da ação, o Reino de Deus entre os homens, solicitava silêncio em torno de certas atitudes que o colocavam em destaque.

E *"se retirava para lugares solitários e orava"*, com o evidente propósito de não cair na tentação da vaidade, que demonstrava temer.

Ora, se tal acontecia ao Cristo, o que não pode suceder a nós, espíritos ainda tão vulneráveis a qualquer espécie de bajulação?

Quantas vezes apreciamos ser aplaudidos, quando o que fizemos nada mais foi que cumprir com a nossa obrigação?

Chico Xavier, não raro, sendo espontaneamente aplaudido em suas aparições públicas, costumava dizer:
— *"Vocês estão aplaudindo um cadáver..."*

O curioso é que muita gente desavisada, não conhecendo o risco espiritual a que se expõe, costuma, inclusive, provocar elogios a si, iludindo-se perigosamente a respeito de seus próprios méritos.

32

MUNDO ESTRANHO

"Estava no mundo, o mundo foi feito por intermédio dele, mas o mundo não o conheceu." – (João, cap. 1 – v. 10)

Lendo este versículo do Evangelho de João e outros anotados por ele e os demais evangelistas, depreendemos que Jesus, embora o mundo tenha sido feito por intermédio dele, era um estranho entre os homens.

Distante dos Páramos Celestes, ele não desconhecia a quanto se expunha, quando decidiu pela sua própria Encarnação no orbe terrestre.

Sabia que, a cada passo, seria tentado em seus propósitos e que as trevas tudo fariam para impedir que colimasse os seus elevados objetivos.

O assunto é tão sério, que, ao ser preso, ele diz, conforme se encontra registrado no capítulo 22, versículo 53, das referências de Lucas: *"Diariamente, estando eu convosco no templo, não pusestes as mãos sobre mim. Esta, porém, é a vossa hora e o poder das trevas"*.

Sem subterfúgios, admite, naquele instante, o triunfo transitório das forças que se lhe opunham e se entrega à sua ação.

Praticamente, desde a manjedoura, quando teve a vida sob a concreta ameaça de Herodes, fora obrigado a viver em fuga, padecendo ferrenha perseguição espiritual que jamais conheceu trégua.

Uma pergunta aqui se impõe, por necessária: caso não tivesse procurado exílio no Egito, depois do aviso feito por um anjo a José, seu pai, os seus passos poderiam ter sido interceptados quando ainda se encontrava na condição de recém-nascido? É evidente que sim.

Também por este motivo, até quase completar trinta anos, Jesus teve que viver em completo anonimato, antes de dar início à pregação pública da Boa Nova.

Assim que se revela, porém, após o batismo no Jordão, o ódio concentrado dos espíritos, encarnados e desencarnados, se volta contra ele, e, sem perder tempo, Satanás começa a assediá-lo.

Não podemos, pois, negar que a experiência reencarnatória neste mundo estranho de provas e expiações seja um desafio para todos os espíritos que pretendem a Redenção.

Porque, sem se resguardar na fé cotidiana em Deus e procurar abrigo na prática do bem incessante, com total esquecimento de si mesmo, qualquer espírito chamado a viver sobre a Terra muito dificilmente vencerá.

33

NÃO DEIXEMOS AGRAVAR

"E, se um dos teus olhos te faz tropeçar, arranca-o..." – (Marcos, cap. 9 – v. 47)

Aprendamos a identificar, em nós mesmos, o que nos faz tropeçar.

Conheçamos nossas fraquezas e procuremos não nos expor a elas.

Se, trilhando determinado caminho, sabemos que nos arriscamos a cair, façamos opção por outro.

Desviemos o olhar daquilo que nos possa vir a ser causa de tentação.

Não acreditemos em demasia em nossa capacidade de resistir ao assédio do mal.

Tudo que costuma ser lucro para o corpo é prejuízo ao espírito.

Busquemos, pois, não cometer excessos de qualquer natureza.

Não nos queixemos do trabalho rotineiro que, ante nossas fragilidades espirituais, costuma nos ser valiosa proteção.

Ninguém enlouquece de repente, a não ser por ter efetuado, antes, concessões gradativas a pensamentos enfermiços.

Toda noite se faz preceder pelo crepúsculo.

Diminuta brecha na vigilância hoje pode ser porta escancarada à obsessão, amanhã.

A quem não conhece a ciência de parar, convém sequer nem começar.

Jamais avancemos, em nada, além do que o bom senso nos recomenda.

Enquanto nos é possível, não tenhamos receio de efetuar retrocessos em qualquer compromisso que não deva ser levado adiante.

O homem que já consegue se identificar com suas mazelas está em situação menos perigosa do que aquele que apenas se identifica com suas virtudes.

Na condição evolutiva que nos é própria, o equilíbrio psicológico pelo qual pugnamos, não raro, simplesmente, pode estar no fato de não permitirmos que nosso quadro patológico se agrave.

34

PELA MANHÃ

"E, passando eles pela manhã, viram que a figueira secara desde a raiz." – (Marcos, cap. 11 – v. 20)

Não é nosso propósito, nesta página, comentar o controvertido episódio da figueira seca, que tem dado margem a exaustivos estudos a respeito de seu significado profundo.

Desejamos apenas chamar a atenção para pequeno todavia interessante detalhe sobre o versículo acima.

O Mestre, durante os três anos que se dedicou à pregação do Evangelho, o fez com integral aproveitamento do tempo, inclusive forçando os limites da resistência física dos próprios Apóstolos.

Pela manhã, bem cedo, o Senhor já se colocava,

com determinação, a caminho, com intenso plano de trabalho a ser cumprido naquele dia.

Nada, por exemplo, de esperar que o clima quente da Judeia lhes fosse mais favorável, aguardando pela chegada da brisa fresca da noite. Fazendo com que os companheiros se levantassem com o Sol, certamente, após rápido desjejum, dava início à tarefa que viera executar.

É que ele sabia que o tempo é patrimônio valioso demais para que seja malbaratado.

Movimentando-se, quase sem pausa, do alvorecer às primeiras estrelas que surgiam no firmamento, entregava-se ao sublime afã de espalhar a Boa Nova, dando-se pressa em lançar, sobre a Terra, os fundamentos do Reino de Deus.

Atentos, pois, à oportunidade de servir que nos é concedida, não deixemos que os minutos se nos escoem sem que sejam devidamente valorizados.

O descanso, quando excessivo, conspira contra os propósitos evolutivos da criatura, que pode ver a reencarnação se comprometer no vazio das horas inúteis.

Permitamo-nos tão-somente o repouso que seja suficiente à reposição das energias consumidas, convictos de que o trabalho no bem, em si mesmo, é poderosa usina geradora de forças espirituais, fornecendo-nos indispensável sustento para o corpo e o espírito.

35

DE UM SALTO

"Lançando de si a capa, levantou-se de um salto e foi ter com Jesus." – (Marcos, cap. 10 – v. 50)

À semelhança de Bartimeu, o pobre cego de Jericó, lancemos fora a capa da dúvida e do preconceito e, de um salto, rompendo com todas as barreiras, vamos ter com Jesus!

Chamado pelo Divino Mestre, ele não hesitou em se levantar do canto em que, encolhido, permanecia mendigando a quem não podia ver.

De um salto, saiu tateando no escuro em direção à luz!

Ignorou, por completo, tudo que existia à sua volta, e, passos vacilantes, venceu o que, para a sua condição de cego, representava enorme dificuldade.

Imitemos o exemplo de Bartimeu, que, para receber a bênção da cura, não esperou que o Senhor fosse até aonde ele estava – escutando o chamamento indireto do Cristo pela voz anônima dos que o seguiam, sequer solicitou que alguém o guiasse ou lhe cedesse um cajado por escora.

Quantas vezes, cegos do espírito, permanecemos na expectativa de que, em resposta às nossas petições para tornarmos a ver, alguém apareça e nos carregue nos braços à Divina Presença?

Muitos são os que querem ser adulados, em excessivas demonstrações de piedade alheia, a fim de que passem a considerar a conveniência ou não de, em seu próprio benefício, mudar de vida.

Outros, com todas as possibilidades físicas disponíveis, demoram longo tempo a responder à sublime convocação e tanto demoram, que, quando resolvem fazê-lo, aquela oportunidade de encontro com o Senhor já não existe.

Raros são os que, exortados a servir, de um salto, põem-se imediatamente de pé e nada questionam aos circunstantes.

Importa-lhes apenas que Jesus os esteja chamando, porque, quando ele nos chama, tolo é aquele que insiste em se fazer de surdo.

36

ANA, A PROFETISA

"... e que era viúva de oitenta e quatro anos. Esta não deixava o templo..." – (Lucas, cap. 2 – v. 37)

Precioso e comovente o depoimento de Lucas sobre Ana, a profetisa, que não se arredava do templo, na expectativa do cumprimento das profecias em torno da vinda do Messias.

Avançada em dias, em longa vigília, ao lado de Simeão, ela não perdia a esperança de que o Senhor viesse para a redenção dos povos da Terra.

Certamente, com limitações impostas pela idade e com a saúde comprometida, não desistia da oração e do auxílio a quantos procuravam por seus préstimos espirituais.

Desde quanto tempo Ana, que já viúva, aguardara

pela presença do Cristo? É possível que, desde a mocidade, na condição de profetisa, se tivesse dedicado ela a anunciar seu Advento, sofrendo, muitas vezes, o escárnio da incredulidade alheia e a humilhante desconsideração de quem a apontava por insana.

Muitos companheiros de Espiritismo, alcançada certa soma de idade no corpo físico, passam a ser considerados, ou eles mesmos se consideram, inúteis e ultrapassados para o cumprimento de suas obrigações.

Não raro, são propositalmente marginalizados pelos mais jovens, que não lhes possuem a experiência e tampouco a maturidade espiritual que os coloca em espontâneo contato com a inspiração que verte do Alto.

Enquanto no corpo, compete-nos a todos vigiar pelo patrimônio da fé, até que o Senhor nos dispense de semelhante dever, entre os homens, e nos convoque a servi-lo em outros caminhos.

Não aleguemos cansaço de qualquer natureza e não esmoreçamos, mesmo quando mais não possamos fazer do que fazia Ana, que *"não deixava o templo, mas adorava noite e dia em jejuns e orações"*, para que o Messias, ao chegar, o encontrasse de portas abertas.

Quem disse que orar não é uma das ações mais importantes?!

Ai do mundo, sem as orações dos homens e mulheres que, devido à sua avançada idade, já foram descartados pela sociedade! Porque, enquanto os jovens insensatos se atritam lá fora e ameaçam a vida na Terra, são eles que permanecem em estado de vigília, na expectativa de uma intervenção de ordem superior que salve a Humanidade de completo desastre.

37

TOCAR O SENHOR

"Contudo Jesus insistiu: Alguém me tocou, porque senti que de mim saiu poder." – (Lucas, cap. 8 – cap. 46)

Extremamente significativo o episódio da pobre mulher enferma que, *"havia doze anos, vinha sofrendo de uma hemorragia"*...

Em meio ao povo que o comprimia e, com certeza, disputava tocá-lo, o Mestre sentiu que alguém o tocara de maneira diferente.

Reparemos que, a fim de curá-la, nem sequer houve necessidade de que o Senhor a tocasse, como fizera a tantos outros – bastou que, com a sua fé, ela estendesse a mão e o tocasse, de leve.

Jesus afirma que, de imediato, percebeu que dele saíra poder, ou seja, energia psíquica, que se transferira com os seus efeitos terapêuticos para quem lograra de seu espírito tanta aproximação!

Quantos, fisicamente rentes a ele e, no entanto, espiritualmente distantes?

O cristão, que almeja algo se impregnar do poder do Cristo, com o intuito de se transformar, onde esteja, em parcela de sua Divina Presença, carece de estabelecer com ele indispensável sintonia.

Aquela anônima senhora a que ninguém pudera curar do mal que padecia e que, segundo Lucas, *"gastara com os médicos todos os seus haveres"*, absorvendo diminuta fração do Infinito Poder do Senhor, além de sentir a própria cura, se transformaria em instrumento dela para centenas de doentes do corpo e da alma.

Aquela mão que, no máximo, talvez, conseguira tocar a orla de seu manto, estabelecera singular contato espiritual para sempre, porque poucos foram os que conviveram com o Cristo que puderam, com tão pouco, tanto receber quanto ela recebeu.

À medida que, espiritualmente, nos aproximamos do Senhor e aprendemos a tocá-lo, ansiando pela cura de nossos espíritos milenarmente enfermos, assimilamos algo de seu poder que passamos, então, a irradiar em torno de nós, atraindo as pessoas que, em nossa figura obscura, pressentem os reflexos da Luz da qual ele, e somente ele, é o Foco inextinguível.

38

POR MAIS DOÍDA A OFENSA

"Se por sete vezes no dia pecar contra ti e sete vezes vier ter contigo, dizendo: Estou arrependido, perdoa-lhe." – (Lucas, cap. 17 – v. 4)

Neste tópico do Evangelho, Jesus nos recomenda a prática concomitante de duas virtudes irmãs: a paciência e o perdão!

Ele fala que, caso venhamos a ser ofendidos, pela mesma pessoa, várias vezes no dia, não devemos hesitar em perdoar-lhe seguidamente.

O episódio, de certa maneira, não deixa de ser hilário.

Imaginemos, dentro de casa ou em nosso ambiente de trabalho, alguém que nos aporrinhe sem trégua, como a testar-nos em nossa capacidade de resistência moral...

Pois bem: é justamente a essa pessoa que, com certeza, estimaríamos mandar às favas, que Jesus nos recomenda perdoar, sem ao menos nos certificarmos se o arrependimento dela, em nos solicitando indulgência, é sincero ou não.

Os Apóstolos ficaram tão estupefatos, que, diante da recomendação, solicitaram ao Senhor: *"Aumenta-nos a fé"!* Em outras palavras, foi como se rogassem: dá-nos a tolerância que não temos!

Se perdoar, durante a vida inteira, determinada agressão uma única vez já nos é extremamente difícil, quanto mais perdoar sete agressões cometidas pela mesma pessoa num só dia!

Não obstante, reconheçamos que, de fato, se queremos o Senhor por companhia, não nos sobra alternativa.

Por este motivo, o grande Chico Xavier, elucidando-nos, certa vez, a respeito do assunto, disse-nos que respondeu a um amigo que sempre o aborrecia – aborrecia duas vezes: uma quando, reiteradamente, o ofendia, e, outra, quando vinha insistir em seu pedido de perdão.

— *"Você está perdoado pelo que me fez, perdoado pelo que está me fazendo e perdoado pelo que ainda vai me fazer..."*

Melhor mesmo, colocando o coração à larga, para que não nos demos o trabalho de perdoar e suportar a choradeira de quem se arrepende por nos ter ofendido, que, por mais doída nos tenha sido a ofensa, sequer nos sintamos ofendidos.

39

PREVALECE

"Mas eles instavam com grandes gritos, pedindo que fosse crucificado. E o seu clamor prevaleceu." – (Lucas, cap. 23 – v. 23)

Lucas afirma que o clamor popular, junto a Pilatos, pedindo que o Mestre fosse crucificado, prevaleceu.

De nada adiantaram as ponderações de sua autoridade, a fim de que o Senhor, no qual não encontrara crime algum, fosse libertado.

Barrabás, que estava preso por sedição e homicídio, acabou sendo solto por insistência do povo.

Vejamos que, quando chamados a tomar importante decisão, que haverá de nos influenciar o destino, a Lei Divina, utilizando os instrumentos de que dispõe no momento, dialoga conosco, tentando nos demover do equívoco prestes a ser cometido.

Naquela hora crucial para a Humanidade, através de boca de Pilatos, a Lei, reiteradas vezes, falou à consciência dos homens, tentando acordá-la.

No entanto, conforme sabemos, contra todos os argumentos, o livre-arbítrio humano terminou por prevalecer.

É assim, igualmente, que acontece conosco.

Não há quem cometa um erro sem que, antes, Deus procure esclarecê-lo quanto às inevitáveis consequências do que pretende fazer.

Porém, caso insistamos, *"com grandes gritos"*, a reivindicar o que a liberdade de escolha nos faculta, a Lei, que não é de coação e violência, deixa-nos entregues ao resultado de nossa própria vontade.

É triste constatar que foi com altos brados que a Humanidade cometeu o maior erro de toda a sua História.

Notemos a que, não raro, a revolta e a rebeldia podem nos levar, fazendo-nos crer cobertos de razão, quando, em verdade, estamos totalmente enganados.

Portanto, não nos façamos voluntariamente surdos às advertências que soam ao nosso redor, nelas procurando identificar a Voz de Deus, que nos fala à consciência adormecida, tentando evitar que tomemos decisões das quais, mais tarde, haveremos de nos arrepender amargamente.

40

LENHOS SECOS

"Porque, se em lenho verde fazem isto, que será no lenho seco?" – (Lucas, cap. 23 – v. 31)

O lenho verde é o tronco repleto de vitalidade e força, capaz de florescer e frutificar de maneira prodigiosa.

No trecho acima, Jesus se compara ao lenho verde da Humanidade, que viera ao mundo oferecer ao homem os seus sazonados frutos.

Estas suas palavras, anotadas pelo Evangelista, foram por Ele pronunciadas quando se encontrava a caminho do Calvário e se traduzem por valioso alerta às mulheres *"que batiam no peito e o lamentavam"*.

— *"Filhas de Jerusalém* – disse –, *não choreis por mim; chorai antes por vós mesmas e por vossos filhos."*

É que o Senhor sabia quanto lhes seria cobrado, nos dias vindouros, em testemunho de amor à Causa do Evangelho.

Durante mais de trezentos anos, os cristãos haveriam de padecer inomináveis perseguições, perecendo nos circos de martírio sob as mais terríveis humilhações.

Vale, ainda, extrair da lição em pauta outro ensinamento que ela nos enseja às reflexões: o *"lenho verde"*, no caso, o próprio Jesus, embora totalmente descompromissado com a Lei de Ação e Reação, sofrera nas mãos dos homens o peso de sua injustiça.

O que, pois, na condição de "lenhos secos", ou seja, espíritos endividados, incapazes de florescer em benefício do próximo, nos será lícito esperar no labor do Ideal que abraçamos?

Se o Mestre Divino não se isentou do sacrifício, expondo-se à incompreensão e à agressividade humanas, aqueles que decidem segui-lo, em qualquer tempo, não devem esperar melhor sorte.

Nas pegadas do Divino Amigo, não há ninguém que logrará passar incólume entre os homens.

Todos, mais cedo ou tarde, nas vidas que se sucedem, serão chamados a pagar o alto preço que as trevas sempre requisitam à luz, a fim de permiti-la brilhar.

41

QUANDO É CHEGADA A HORA

"Então procuravam prendê-lo; mas ninguém lhe pôs a mão, porque ainda não era chegada a sua hora." – (João, Cap.7 – v. 30)

Não há quem consiga fugir ao momento da provação.

Contudo, se não nos é chegada hora de facear esta ou aquela dificuldade, força alguma do mundo conseguirá fazê-la precipitar-se.

Durante todo o tempo de sua Missão entre os homens, Jesus foi caçado pelos inimigos, que ansiavam por prendê-lo – não houve um só dia que a sua prisão não tenha sido arquitetada e, ardorosamente, desejada pelos que intentavam silenciá-lo.

Enquanto, porém, não soou o instante de ser requisitado a maiores sacrifícios pela Causa do Evangelho, ninguém lhe pôde encostar a mão.

Não duvidemos de que a Vontade de Deus sempre se impõe à vontade dos homens.

O livre-arbítrio humano apenas prevalece de maneira transitória.

O Mal é passageira concessão do Bem, a fim de que possamos aprender com as consequências de nossas próprias ações.

Não alimentemos qualquer dúvida quanto ao tempo propício em que certos acontecimentos se desencadeiam.

Embora, de imediato, não consigamos entender e, talvez, nem mesmo explicar o que nos atinge, guardemos a convicção de que coisa alguma ocorre à revelia das Leis que nos presidem os destinos.

Por mais se demore em experiências negativas, ninguém fugirá ao determinismo da felicidade a que todos estamos destinados.

É nosso dever preparar a terra, plantar a semente, adubá-la e defendê-la contra as ervas daninhas, mas, enquanto não chegar o justo momento de eclodir, ela não germinará.

Façamos a parte que nos compete, exercitando paciência e compreensão, entregando a Deus todas as nossas esperanças e expectativas em torno dos anseios que acalentamos.

E, depois, seja qual for o resultado que deles nos advenha, procuremos aceitar, resignados, o que a Lei do Mérito e da Necessidade nos confere.

42

QUEM OUSARÁ?

"Respondeu ela: Ninguém, Senhor. Então lhe disse Jesus: Nem eu tampouco te condeno; vai e não peques mais." – (João, cap. 8 – v. 11)

Após ter lido e refletido sobre este texto anotado por João, é-nos lícito perguntar: Quem de nós ousará condenar a quem quer que seja?

Se o Cristo, nem de leve, ergueu a voz para condenar a pobre e equivocada irmã, quem se sentirá com autoridade moral para condenar em alguém seja o que for?

Notemos que o Divino Mestre, no entanto, não deixou de lhe endereçar fraterna recomendação: *"Vai e não peques mais."*

É óbvio que temos o dever de orientar e mesmo de alertar a quem se encontra no caminho do erro, pois, caso contrário, seria, no mínimo, indiferença em relação ao futuro daqueles, muitas vezes, confiados à nossa tutela.

Orientar e alertar, no entanto, não significam simplesmente sentenciar, relegando o condenado à própria sorte.

O diálogo travado por Jesus com os escribas e fariseus, que arrastaram à sua presença a infeliz mulher surpreendida em adultério, ainda nos remete à conclusão de que, no mundo moral, igualmente não existe efeito sem causa.

Onde estariam aqueles que haviam abusado de seus sentimentos e, quem sabe, a corromperam para saciarem as suas paixões?

Ninguém cai sem que, pelo menos, alguém lhe negue a mão em apoio para evitar a queda!

De uma maneira ou outra, todos somos partícipes na felicidade ou infelicidade do próximo.

Não há uma só lágrima que role da qual possamos, em absoluto, nos isentar.

Fácil distribuir condenações e apontar culpados, tentando nos esconder dos olhos com os quais a Lei Divina nos vasculha o espírito e sonda os escaninhos do nosso pensamento, colocando à mostra nossos propósitos e intenções.

Difícil é amparar a quem esteja se esforçando para se levantar e, sem recriminação, lhe oferecer o braço por escora na caminhada.

43

NINGUÉM SE PERDERÁ

"Assim, pois, não é da vontade de vosso Pai celeste que pereça um só destes pequeninos." – (Mateus, cap. 18 – cap. 14)

São muitos os que, em nome da fé que professam, esperam situações de privilégio para si.

Os conflitos religiosos, de todos os tempos, atestam o que dizemos.

Através de seus adeptos, quase toda crença religiosa julga monopolizar a Verdade, em detrimento das demais.

Jesus, no entanto, é claro: não é da vontade de Deus que pereça, ou se perca, um só dos considerados pequeninos, que, na Parábola, são comparados à ovelha que se extravia.

Isso significa que nenhuma das ovelhas que integram o rebanho sob os cuidados do Senhor se perderá para sempre.

Por mais se atrasem em caminho, todos os espíritos haverão de atingir as cumeadas da perfeição.

Os que consideramos hereges ou classificamos na condição de adversários da fé, os que descem aos níveis mais baixos da degradação humana, os criminosos considerados da mais alta periculosidade, os que se pervertem e fazem perverter, enfim, os que constituem a escória moral da Humanidade, todos eles, um dia, lograrão alcançar a condição de anjos, da qual, evidentemente, ainda nos encontramos muito distantes.

A nosso contragosto, com o mesmo e inalterável amor com que nos ama, Deus ama a todos aqueles que consideramos por adversários e desafetos.

Faz parte da imperfeição do homem acreditar que o Criador o destaca, fazendo convergir para ele, e só para ele, as suas benesses. Um pai que distinguisse os filhos pelo grau de afetividade que devota a uns, em detrimento de outros, jamais conseguiria fazer-se igualmente amado por todos os seus rebentos.

Habituemo-nos, portanto, a pensar que todos somos irmãos e que aquele que se encontra, temporariamente, afastado do bom caminho a ele voltará amanhã, e que, neste sentido, tudo devemos fazer para facilitar o seu retorno e não o seu desterro.

Não foi por outro motivo que Jesus desceu da Incomensurável Altura e veio até a nós!

44

SESSÃO MEDIÚNICA NO TABOR

"E eis que lhes apareceram Moisés e Elias, falando com ele." – (Mateus, cap. 17 – v. 3)

O episódio da Transfiguração no Monte Tabor é, sobretudo, um cântico de louvor à imortalidade, em ostensivo intercâmbio mediúnico.

Pedro, Tiago e João, que acompanhavam Jesus, foram testemunhas de um dos fenômenos mais transcendentes de todos os tempos: transfigurado, o Mestre conversa com os espíritos de Moisés e Elias!

A menos que se negue a veracidade de todo o Novo Testamento, não há como se negar a autenticidade do fenômeno de ordem mediúnica que promoveu a materialização de Moisés e Elias, que, então, falaram com Jesus.

Notemos que o próprio Moisés, que, de maneira explícita, censurara o contato com os mortos, conforme se pode ler em "Deuteronômio", capítulo 18, versículo 11, vem ele mesmo revogar a referida proibição, tão evocada por quantos criticam a prática mediúnica no Espiritismo.

Sobre o Tabor, as portas de contato com o Mais Além, que haviam sido lacradas pelo valoroso legislador hebreu, definitivamente se descerram e o intercâmbio entre encarnados e desencarnados, que jamais se interrompera de todo, volta a se intensificar.

A transfiguração de Jesus – *"o seu rosto resplandecia como o Sol e as suas vestes tornaram-se brancas como a luz"* – é fenômeno de natureza anímica, que ocorreu através de seu extraordinário poder espiritual, mas as aparições de Moisés e Elias foram legítimas demonstrações de mediunidade, posto que ambos se encontravam no Outro Lado da Vida.

Talvez muitos céticos possam sofismar em torno do assunto, alegando que as figuras de Moisés e Elias não passavam de projeções das mentes de Pedro, Tiago e João e, quiçá, do próprio Cristo. Entretanto, como as aludidas "projeções mentais" poderiam ter dialogado com Jesus, inclusive com as suas palavras ouvidas pelos Apóstolos?

A riqueza de detalhes, no episódio anotado por Mateus, não deixa qualquer margem à dúvida: os espíritos dos supostos mortos, em determinadas circunstâncias, podem estabelecer contato com os considerados vivos.

A prática mediúnica que acontece nas casas espíritas, na atualidade, descende, pois, da sessão mediúnica ocorrida sobre o Tabor, organizada e presidida pelo Cristo.

45

O FERMENTO DA MALEDICÊNCIA

"E Jesus lhes disse: Vede e acautelai-vos do fermento dos fariseus e saduceus." – (Mateus, cap. 16 – v. 6)

O fermento é o ingrediente que, acrescentado a todo alimento com base, por exemplo, de farinha de trigo, permite o seu crescimento.

Após o inchaço da massa, que deve permanecer em repouso por instantes, ela está pronta para ser levada ao forno.

O fermento a que Jesus se refere, dos fariseus e saduceus, é a palavra de crítica ou de maledicência, de incredulidade ou de pessimismo, que, uma vez assimilada por nossos ouvidos, pode desenvolver em nós as inclinações negativas que carregamos no espírito.

Em outras palavras, é o mesmo que adubar a erva

daninha que, assim, alastrando-se de maneira prodigiosa, impedisse a proliferação da boa semente.

Acautelemo-nos, pois, contra o poder do verbo envolvente, suscetível de nos induzir a sérios equívocos de interpretação sobre a conduta ou o trabalho de alguém.

Não consintamos que as nossas próprias imperfeições tomem proporções maiores do que já possuem.

Aprendamos a filtrar todo assunto que se nos transforme em notícia menos edificante, instigando-nos à conduta semelhante à daquele que se faz seu agente.

Passar adiante o comentário desairoso é adicionar fermento à expansão do mal entre os homens.

A fogueira que não se alimenta para logo se converte num montão de cinzas.

A agressão a que não se revida costuma se anular ao primeiro golpe que desfere.

Sobre a face da Terra, as trevas não contam apenas com a iniciativa infeliz de seus autores, mas também com excelentes multiplicadores de sua ação inicial, que assumem, com os primeiros, a corresponsabilidade pelas consequências de sua leviandade e insensatez.

46

CONCESSÃO E RESPONSABILIDADE

"Portanto vos digo que o Reino de Deus vos será tirado e será entregue a um povo que lhe produza os respectivos frutos." – (Mateus, cap. 21 – v. 43)

Ninguém recebe determinada concessão a fim de guardá-la somente para si ou utilizá-la em interesse próprio.

O homem de inteligência, caso não a movimente em benefício do próximo, poderá, em vida futura, ter problemas no que tange à sua lucidez intelectual.

Quem não souber honrar os seus compromissos perante a coletividade a que é chamado a servir, mais cedo ou tarde, terminará por ser destituído do cargo que a Providência Divina lhe confiou.

Aquele ou aquela que não se fizer digno na condição de pai ou mãe dos filhos que lhe foram entregues à tutela, talvez, em existência próxima, venha a facear a prova da esterilidade.

Muitos suspiram hoje pelas oportunidades que não souberam aproveitar no passado, quando, então, dispunham de todas as possibilidades para concretizar os seus mais acalentados projetos de felicidade.

Quantos, imersos nas trevas do desequilíbrio, não vagam pelas ruas a gesticular incompreensivelmente, como quem persegue o sonho que deixaram lhes escapasse das mãos?

Procuremos fazer jus à confiança que nos é depositada pelas Leis Divinas, sem que lhes frustremos as expectativas em torno de nossa capacidade de realização.

Aqueles que se tornam voluntariamente inúteis experimentarão, depois, dificuldade até mesmo para conseguirem um novo corpo, a fim de que se candidatem, na Terra, à tarefa do recomeço.

Se Jesus afiançou que a posse do Reino de Deus seria tirada a qualquer povo que não se mostrasse à sua altura, sendo entregue a outro que lhe fizesse produzir os respectivos frutos, imaginemos o que nos poderá suceder, caso não nos esforcemos pela multiplicação das bênçãos que nos são outorgadas!

De tudo, seremos chamados a prestar estrita conta, não somente de sua utilização em nosso proveito, mas, principalmente, da maneira como administramos em favor do próximo os recursos com que somos aquinhoados.

47

HUMILDADE E VALOR

"Quem a si mesmo se exaltar será humilhado e quem a si mesmo se humilhar será exaltado." – (Mateus, cap. 23 – v. 12)

Os grandes luminares, de ontem e de hoje, que passaram pela Terra viviam proclamando a sua pequenez e insignificância diante da grandeza da Vida.

E tanto, pessoalmente, lutaram para se anularem, que terminaram sendo exaltados por seus inconfundíveis valores.

Sócrates, considerado o mais sábio dos homens, afirmava: *"Só sei que nada sei"*.

Paulo de Tarso, a certa altura de sua Epístola aos Romanos, exclamou: *"Miserável homem que sou!"*.

Francisco de Assis, o doce *"Poverello"*, dizia de si mesmo: *"Sou um homem inútil"*.

O Mahatma Gandhi, o apóstolo da não-violência, grafou em sua autobiografia: *"Existirá um ser tão pérfido e desprezível quanto eu?"*.

Teresa de Jesus admitia: *"Eu sou pequena demais para subir a rude escada da perfeição"*.

Madre Teresa de Calcutá, quando alguém lhe destacava a santidade, redarguia: *"Se alguma vez chegarei a ser santa, seguramente o serei da escuridão"*.

Chico Xavier, um dos mais fiéis servidores do Cristo em todos os tempos, atravessou a sua laboriosa existência repetindo: *"Eu sou um cisco"*.

Seja no que for que façamos, não procuremos nos colocar em evidência, como quem não sabe de suas limitações e precariedades.

Tomemos consciência de que a tarefa empenhada em nossas mãos, por menor nos pareça, somente será executada com êxito se não nos considerarmos indispensáveis à sua execução.

À exceção de Jesus Cristo, somos todos facilmente substituíveis no que estejamos fazendo por alguém que, talvez, o faça com melhor proveito e competência que nós.

E, por fim, não nos esqueçamos de que o Senhor do mundo, escolhendo pobre e singela estrebaria para nascer entre os homens e, escarnecido e humilhado como um malfeitor, transfigurou a transitória cruz do próprio martírio no esplendente trono de sua maior glória!

48

FALSOS PROFETAS NO ESPIRITISMO

"Levantar-se-ão muitos falsos profetas e enganarão a muitos." – (Mateus, cap. 24 – v. 11)

Falando em torno do final dos tempos, Jesus nos adverte contra o surgimento dos faltos profetas.

Apareceriam eles fora do movimento doutrinário ao qual nos vinculamos? Não somente.

Infelizmente, são muitos os espíritos que vêm tomando corpo na Terra, ligando-se à Doutrina Espírita, com o intuito de lançá-la ao descrédito.

São dirigentes e médiuns, oradores e articulistas outros que, de maneira consciente ou inconsciente, têm servido ao propósito das trevas de confundir a opinião pública quanto ao valor do Espiritismo.

Não iremos encontrá-los nas frentes de serviço da

caridade genuína, mas, sim, no campo das ideias passíveis de discussão, no esforço de estabelecer a desunião, fragilizando o Movimento de dentro para fora.

Quase sempre, embora portadores de conhecimento superficial, revelam-se na condição de excelentes teóricos, mas péssimos exemplificadores da Mensagem que ostentam em seus lábios, mas não no coração.

Segundo a palavra de advertência do Senhor, com as suas mentiras e falsas virtudes, eles seduzirão a muitos.

Sob o respaldo do Mundo Espiritual inferior, lograrão, inclusive, até mesmo no campo da cura, a realização de prodígios esporádicos, sustentando a farsa e alimentando a dúvida quanto à sua retidão de caráter.

Não nos deixemos ludibriar por eles, mas, sobretudo, nos vigiemos em nossas ações, a fim de que, sem perceber, não venhamos a nos transformar em uns deles.

Estudemos, atentamente, a sua personalidade dúbia e a sutileza com que procuram agir, manipulando as pessoas que os rodeiam e que os idolatram à custa de supostas revelações que efetuam, concernentes às imaginárias vidas passadas de seus seguidores.

Não nos esqueçamos da sabedoria de Paulo, que, preocupado em nos ensinar a identificá-los, escreveu em sua II Epístola aos Coríntios, capítulo 11, versículo 14: *"... o próprio Satanás se transforma em anjo de luz"*.

49

IMPORTA CAMINHAR

"Importa, contudo, caminhar hoje, amanhã e depois..." – (Lucas, cap. 13 – v. 33)

Haja o que houver e suceda o que suceder, não nos detenhamos na caminhada.

Conforme nos exorta o Senhor, importa *"caminhar hoje, amanhã e depois"*!

Não admitamos que já tenhamos alcançado o objetivo proposto, justificando, assim, a própria decisão de não mais seguirmos.

Obstáculos desafiadores surgirão, a cada momento, convidando-nos a desistir da jornada.

Injúrias e escárnios se farão ouvir à margem do caminho que percorremos, intentando levar-nos ao desânimo.

Vozes desalentadoras se levantarão, esforçando-se para convencer-nos de que já fomos longe demais...

Aparentemente preocupados conosco, muitos nos criarão oportunidades de descanso inútil, a fim de que lhes façamos companhia na ociosidade.

Embora seguindo vagarosamente, não paralisemos a marcha no encalço do Cristo, que nos precede.

Se, porventura, claudicarmos na vigilância e, sob o assédio da tentação, viermos a cair, não nos consintamos permanecer no chão mais que o tempo necessário para reunirmos as forças remanescentes e continuar avançando.

O caminho é verdadeiramente longo, mas, a cada passo que damos adiante, ele se faz mais curto.

Não nos esqueçamos ainda que, mesmo ombreando a pesada cruz que conduzia ao Calvário, o Senhor não pensava exclusivamente em si – a sua imensa dor não foi pretexto para que olvidasse a dor das filhas de Jerusalém, que o acompanhavam em grande desconforto.

Sobretudo, analisando o exemplo de Jesus, estejamos preparados, porque o derradeiro trecho de caminho a ser percorrido, antes de atingirmos os Cimos, costuma ser o que mais exige de nós, em matéria de renúncia e sacrifício.

50

A ALEGRIA DE HERODES

"Herodes, vendo a Jesus, sobremaneira se alegrou, pois havia muito queria vê-lo, por ter ouvido falar a seu respeito..." – (Lucas, cap. 23 – v. 8)

Interessante o Evangelista se referir à alegria de Herodes, ao ver-se diante de Jesus, cuja extraordinária figura, desde muito, o fascinava.

Com certeza, esperava que o Senhor, curvando-se à sua autoridade, lhe fizesse uma demonstração de seu poder espiritual, convencendo-o de que, de fato, era o Messias anunciado.

No entanto, porque não lhe atendeu os caprichos pessoais pela aquisição da fé através da lei do menor esforço, a alegria de Herodes para logo se transformou em desprezo *"e, escarnecendo dele, fê-lo vestir-se de um manto aparatoso e o devolveu a Pilatos"*.

Notadamente, dentre os que ocupam uma posição de relevo no campo do convencionalismo humano, são muitos os que adotam a cética expectativa de Herodes em torno da Verdade.

Desejam que os espíritos, através de manifestações retumbantes, lhes forneçam irrefutáveis provas da imortalidade, sem que tenham que transpirar no sentido de obtê-las.

Habituados a se imporem aos homens pela força dos cargos e dos títulos que detêm, imaginam desfrutar das mesmas prerrogativas em relação aos desencarnados, os quais simplesmente os ignoram.

Envolvem médiuns que, às vezes, cedendo à sedução do poder transitório que representam, se dispõem, inclusive, a mistificar, no intuito de bajulá-los, na permuta de condenáveis favores.

Porque conhecia a fundo os sentimentos do referido Tetrarca da Galileia, Jesus, enquanto interrogado, conservou-se o tempo todo em silêncio, como a lhes dizer, a ele e aos principais sacerdotes, ali presentes, que a luz jamais pactua com as trevas.

Não nos importemos com o desdém do mundo em relação à crença que abraçamos de que a Vida prossegue para lá da morte do corpo, e nem percamos a espontaneidade diante daqueles que, a fim de acreditar no que acreditamos, exigem de nós o que devem obter por si mesmos.

Diante de quem não deseja conhecê-lo com sinceridade, o Céu como que se encolhe e se nega a revelar a sua face!

51

PRUDÊNCIA

"... mas o próprio Jesus não se confiava a eles, porque os conhecia a todos." – *(João, cap. 2 – v. 24)*

Narra o Evangelista que, durante a festa da Páscoa, estando em Jerusalém, Jesus realizou muitos prodígios e, por este motivo, muitos acreditaram nele.

Todavia, complementando a interessante narrativa, João afirma que, por conhecê-los a todos, *"Jesus não se confiava a eles"*.

É possível que aquele fosse o primeiro encontro pessoal do Senhor com muitos dos judeus que ali se encontravam reunidos, e vice-versa. Não obstante, João é claro ao dizer que o Mestre *"os conhecia a todos"* e, provavelmente, até mesmo pelo nome.

Era muito comum, por exemplo, que o médium

Chico Xavier, sem antes nunca ter se avistado com determinada pessoa, lhe declinasse o nome e, por vezes, inclusive o apelido.

Imaginemos, então, como há de ser o poder de Jesus em nos identificar em profundidade, não apenas nos conhecendo pelo nome, mas pelos nossos propósitos e sentimentos.

Na sequência do assunto, constituído apenas por três pequenos versículos, o Evangelista registra com notável precisão: *"E não precisava de que alguém lhe desse testemunho a respeito do homem, porque ele mesmo sabia o que era a natureza humana".*

Notemos o que, em outras palavras, nos é dito: ninguém precisava apresentar a Jesus este ou aquele, falando de seu caráter, porque ele o conhecia – o espírito humano não tinha segredos para Jesus!

O episódio nos leva a concluir que não há quem consiga se ocultar o suficiente de Deus.

Os nossos pensamentos mais íntimos soam para Ele como as palavras mais claras que articulamos aos ouvidos de alguém.

E porque *"sabia o que era a natureza humana",* em suas fragilidades, o Senhor relacionava-se com os homens usando de extrema prudência, conservando-se a indispensável distância em seu contato com eles.

Que a lição nos sirva de advertência para que, sobretudo, saibamos corresponder à confiança que os outros depositam em nós, quando nos elegem por seus amigos e conselheiros.

52

O CRISTO NOS CONHECE

"Vinde comigo e vede um homem que me disse tudo quanto tenho feito." – (João, cap. 4 – v. 29)

Outro notável episódio que revela quanto o Cristo nos conhece é o que se passa com a mulher samaritana, nas proximidades do poço de Jacó.

Após ter solicitado à mulher que lhe desse de beber, inicia-se interessante diálogo entre os dois, no qual o Mestre lhe faz surpreendentes revelações sobre a sua vida pessoal.

Pedindo a ela que chamasse o marido, a fim de anunciar a ambos a Verdade de que se fazia portador para todos os homens da Terra, a samaritana lhe responde: — *"Não tenho marido."* Ao que lhe replicou Jesus, de imediato: — *"Bem disseste, não tenho marido; por-*

que cinco maridos já tiveste, e esse que agora tens não é teu marido..."

Ora, como aquele homem estranho, a quem nunca vira por aquelas plagas, poderia saber de suas intimidades, de maneira tão pormenorizada?

— *"Vejo que tu és profeta."* – exclama a mulher, admirada, porque, no diálogo apresentado em síntese pelo Evangelista, Jesus lhe deve ter dito muito mais a respeito de sua vida.

No primeiro Livro de Crônicas, no capítulo 28, versículo 9, foi escrito: *"... porque o Senhor esquadrinha todos os corações e penetra todos os desígnios do pensamento".*

Os olhos dos homens, postos uns sobre os outros, são os olhos do Cristo nos espreitando no menor de nossos movimentos – assim como os ouvidos humanos, registrando a mais discreta palavra que possamos pronunciar, são, igualmente, os seus ouvidos a nos escutar em tudo quanto dizemos.

Em verdade, o Cristo nos conhece muito melhor do que conhecemos a nós!

Por sua Mente quase divina, em conexão conosco, é que Deus tem a percepção de nossa realidade e nos acompanha na árdua caminhada que empreendemos na direção da luz.

E por saber de nossa ainda tão precária condição espiritual é que, com infinita paciência, se dispõe a nos estender a mão e a nos ensinar a viver.

53

FLAGRANTE ESPIRITUAL

"... e perguntou-lhe: Amigo, como entraste aqui sem veste nupcial? E ele emudeceu." – (Mateus, cap. 22 – v. 12)

Na Parábola das Bodas, Jesus narra o constrangimento pelo qual passou um homem que não se encontrava trajado a rigor para a festividade. Por não estar vestido com a roupa nupcial, o rei ordena aos seus serventes: *"Amarrai-o de pés e mãos e lançai-o para fora, nas trevas; ali haverá choro e ranger de dentes."*

Como terá aquele desconhecido enganado a vigilância dos servos do rei e conseguido acesso ao recinto onde as bodas de seu filho estavam sendo realizadas?

O episódio nos leva a pensar que, pelo que aparentamos ou pelo esmero com que nos disfarçamos, podemos passar, durante algum tempo, sem que sejamos percebidos pelo que realmente somos.

Podemos, mesmo, chegar a ir muito longe, em nossa tentativa de burlar o julgamento de quantos permanecem à espreita de nossos menores movimentos.

Aquele homem ludibriara sentinelas atentas, mas não escapara à perspicácia do rei que, percebendo a desonesta manobra, lhe perguntou pelas credenciais que ele não possuía – não estava trajado a caráter para cerimônia de tal envergadura!

Muitos de nós poderemos, sim, pela nossa capacidade de camuflagem ou mimetismo espiritual, lograr acesso aos sagrados territórios do espírito, como se ali estivéssemos por méritos que, em verdade, não possuímos.

Notemos, porém, que, antes que as bodas do filho do rei começassem a ser celebradas, inspecionando, meticulosamente, a todos os que estavam à mesa, sem dificuldade alguma, ele flagrou o penetra e ordenou que dali fosse retirado.

Não houve sequer oportunidade para que ele tentasse se justificar através de palavras bem urdidas, tão comuns aos teóricos das letras do Evangelho.

Porque, surpreendido em seu propósito infeliz, ele simplesmente emudeceu.

Assim acontecerá com todos aqueles que, por suas obras e tão-somente por elas, não se fizerem portadores da senha de luz que lhes garantirá participar das alegrias e bem-aventuranças na Vida além da morte.

54

PROFECIAS

"Mas a respeito daquele dia e hora ninguém sabe, nem os anjos dos Céus, nem o Filho, senão somente o Pai." – (Mateus, cap. 24 – v. 36)

Ao falar sobre "a grande tribulação" que acometerá a Humanidade, como prenúncio de uma Terra regenerada, Jesus é claro ao dizer que, exceto Deus, não há quem possa precisar dia e hora em que tal sucederá.

Com semelhante afirmação, o Mestre alude ao caráter relativo das mais respeitáveis profecias que têm procurado alertar os homens quanto a acontecimentos futuros.

Notemos que o próprio Senhor afirma desconhecer, com precisão, quando os fenômenos que a sua palavra anuncia irão se desencadear, inaugurando a Nova Era que há tanto tempo se espera.

Inútil, pois, que, na atualidade, os chamados *profetas do Apocalipse* especulem e estabeleçam datas para o cumprimento das profecias em torno de abalos físicos e morais que, possivelmente, hão de assolar o orbe planetário.

Neste sentido, a vigilância necessita ser constante, mesmo porque o que há de acontecer amanhã é consequência do que se faz acontecer hoje.

A questão do "aquecimento global", que, nos últimos lustros, vem monopolizando a atenção daqueles que realmente se preocupam com o futuro da Terra, teve início, com certeza, com as primeiras árvores que, vítimas da imprevidência humana, tombaram há séculos atrás.

Talvez, reconheço, não seja mais possível às criaturas encarnadas deter o processo que já se encontra em andamento, que promoverá profundas mudanças em todos os níveis da vida organizada no mundo, mas sempre, mesmo às vésperas da maior catástrofe, algo se poderá fazer no sentido de lhe atenuar as consequências.

Não nos fixemos, assim, na concretização do mal que, a qualquer custo, nos cabe procurar evitar através de nossa efetiva ação no bem.

Não façamos coro junto aos pessimistas, para os quais a Humanidade se encontra completamente perdida, e toda providência para se reverter o desastre em perspectiva é esforço improfícuo.

As profecias apenas e tão-somente encontram cabal cumprimento quando o homem as interpreta por fatalidade inarredável, anulando-se em sua capacidade de, a toda hora de cada dia, modificar o próprio destino.

55

OBEDIÊNCIA

"E eles, possuídos de grande temor, diziam uns aos outros: Quem é este que até o vento e o mar lhe obedecem?" – (Marcos, cap. 4 – v. 41)

Enquanto os elementos da Natureza davam demonstrações de obediência ao Senhor, raros os seres humanos que lhe atendiam os alvitres.

O vento e o mar, ao som inconfundível de sua voz, se aquietavam, ansiando por mais ainda ouvi-lo falar.

Os homens, todavia, altercavam entre si, polemizando em torno de sua autoridade divina, e o tratavam com menosprezo.

Em essência, o que nos falta, a fim de que possamos viver em paz, é maior obediência às palavras do Mestre, que sempre nos fala no imo da consciência.

Somente Jesus tem suficiente poder para amainar

a fúria da tempestade em nosso mundo interior e as vagas revoltas de nossas mazelas que se arremetem contra a frágil embarcação de nossas vidas.

Não há um só momento em que o Divino Amigo não esteja a dialogar conosco, recomendando-nos calma diante das adversidades.

Procuremos ouvi-lo e atendê-lo em tudo quanto nos diz.

Na maioria das vezes, o sofrimento do homem é consequência de sua própria rebeldia. Blasfema ele em tão grande altura, que abafa a voz suave e doce que lhe fala sobre o valor da resignação, no enfrentamento das provas do cotidiano.

Copiando a simplicidade dos elementos da Natureza, permitamos que o Senhor nos pacifique o espírito desarvorado.

O vento e o mar, quando fora de controle, se transformam em agentes de destruição.

Pensamentos e emoções em conflito podem promover maiores estragos em nosso mundo interior, gerando prejuízos que nos exigirão muito tempo para serem reparados.

Deixemos que o Cristo nos tranquilize o coração impetuoso e nos ensine a utilizar, com real proveito, as forças que se nos desencadeiam no íntimo, que tanto podem concorrer para a expansão da luz ou para o domínio das trevas em nós mesmos.

56

A SÍNTESE DO CONHECIMENTO

"E eu vos digo: Entre os nascidos de mulher, ninguém é maior do que João, mas o menor no reino de Deus é maior do que ele." – (Lucas, cap. 7 – v. 28)

Inegavelmente, todos ainda estamos muito distantes da perfeição.

Segundo a palavra do Cristo, João Batista, entre os nascidos de mulher, ou seja, dos espíritos sujeitos à reencarnação no orbe terrestre, era o mais evoluído.

Inclusive, nenhum dos Apóstolos, pelo que se deduz, foi maior do que ele que, conforme se pode ler no Evangelho de Lucas, lograra ser *"muito mais que profeta"*.

Embora, no entanto, a grande evolução espiritual do Precursor, que, em existência passada, havia sido a encarnação de Elias, *"o menor no reino de Deus é maior do que ele"*...

De que espíritos, pois, em sua grandeza espiritual, deve ser constituído o Reino de Deus?

João demonstrava tal zelo pela Verdade que, quando Jesus aparece em cena e os seus feitos são contados a ele, envia dois de seus discípulos para se certificarem de que, realmente, estavam diante do Messias.

Sem titubeios ou ambição de caráter humano, afirma categórico: *"O que vem depois de mim tem, contudo, a primazia, porquanto já existia antes de mim"*.

O Cristo, pois, antes que João existisse como espírito, já era o Cristo!

Assim sendo, não se compreende quando entre nós se estabelecem ingênuas discussões sobre a nossa tão precária condição evolutiva – condição que, sem exagero, nos coloca, talvez, entre os últimos da Terra!

Observando quanto nos compete caminhar nas sendas da Evolução – na qual ensaiamos os primeiros passos, dados de maneira consciente –, que não percamos mais tempo em contendas estéreis que, efetivamente, não colaboram com o que necessitamos conquistar à custa de suor e não de saliva.

O espírito não se faz apenas a poder de palavras.

A síntese de todo Conhecimento útil é a que nos confere o necessário discernimento para que reconheçamos que já é passada a hora de começarmos a agir.

57

MÉDIUNS HUMANOS

"Replicou Jesus: Eu não tenho demônio; pelo contrário, honro a meu Pai, e vós me desonrais." – (João, cap. 8 – v. 49)

Examinando a raiz da palavra "demônio", que vem do grego "daimon", que também pode significar Espírito Protetor, interpretemos por outro ângulo a afirmativa de Jesus que encima as nossas reflexões.

O Cristo não se fez intérprete, entre nós, de outro espírito, que não fosse o Espírito de Deus.

Entre ele e o Pai, nenhum intermediário.

Portanto, pela nossa ótica, é impossível a tese que alguns sustentam que Jesus tenha sido... médium do Cristo.

Jesus, o Cristo de Deus, era o próprio Verbo Encarnado.

Por ele e através dele é que Deus revelou a sua verdadeira face aos homens.

O *"honro a meu Pai"* quer dizer: fiel instrumento da Palavra e da Vontade Divinas!

No capítulo 10, versículo 25, do Evangelho de João, ele ainda nos diz: *"As obras que eu faço em nome de meu Pai..."* – ou seja, ele estava no mundo para fazer as obras de Deus, como se fosse Deus que as fizesse!

Existe grande diferença entre ser médium de espíritos e Médium do Espírito.

Entre os médiuns humanos e o Cristo, que nos coloca em direta sintonia com Deus, há uma infinidade de espíritos a lhe intermediar os pensamentos.

De uma Dimensão Espiritual para a outra de natureza inferior, qual o fenômeno da difração, que ocorre com a luz, o pensamento, em seu processo de "filtragem", pode sofrer inúmeras distorções.

Por esta razão, Jesus Cristo deliberou vir ele mesmo ao mundo, para que o Pensamento de Deus, através de sua Palavra, não sofresse possíveis interferências.

Todos os profetas que antecederam a sua presença na Terra se fizeram medianeiros mais ou menos limitados do Cristo. É por este motivo que, mesclados aos ensinamentos sublimes de que se fizeram portadores para a Humanidade, nos depararemos com a sua ingerência pessoal neste ou naquele lance de suas pregações.

58

COMO PODEIS CRER?

"Como podeis crer, vós os que aceitais glória uns dos outros e contudo não procurais a glória que vem do Deus único?" – (João, cap. 5 – v. 44)

Existem pessoas que cavam, com as suas próprias mãos, o abismo da descrença no qual se precipitam.

No serviço da fé, agem com desonestidade e acabam por desacreditar de si mesmas.

Medindo os outros por suas intenções infelizes, concluem, equivocadamente, que todos são movidos pelos mesmos interesses mesquinhos que os inspiram.

Oficiam em diversos templos religiosos, mas, para eles, o altar permanece vazio de espírito e vida.

É que não estão verdadeiramente imbuídos do

propósito redentor que caracteriza todo discípulo sincero do Evangelho.

Sem que percebam, no tráfico de influência ao qual se rendem de maneira recíproca em concessões que lhes atendam às ambições meramente humanas, vão se fragilizando até à mais completa apatia espiritual.

Referindo-se a tais companheiros, Jesus admirou-se de que, realmente, pudesse ainda restar neles algum discreto traço da fé genuína.

Corrompendo, terminaram por se corromper.

Excessivamente preocupados com a renovação alheia, esqueceram-se de renovar-se.

Embora seja a doutrina da Fé Raciocinada, no Espiritismo, iremos, igualmente, nos deparar com muitos adeptos que, devido às imperfeições que não combateram em si, com determinação, arrefeceram no ideal de servir.

Nem de longe recordam os irmãos entusiastas das primeiras horas, que se revelavam capazes de grande despojamento em benefício da Causa que abraçaram.

Porque não souberam vigiar no trabalho constante do bem em favor de todos, permitiram que o joio do personalismo e da vaidade, da ambição e do poder se lhes multiplicasse, sorrateiro, na gleba dos sentimentos.

Transfigurados em poços lamacentos, muito lhes custará sanear a fonte cristalina da fé que deliberaram conspurcar, preferindo a glória dos homens à glória que vem de Deus.

59

SE ASSIM FOI COM ELE

"Pois nem mesmo os seus irmãos criam nele." – (João, cap. 7 – v. 5)

João é claro, ao dizer que nem mesmo os irmãos consanguíneos de Jesus acreditavam nele – duvidavam de suas palavras e o consideravam insano.

Se assim foi com o Divino Mestre, não podemos esperar pela compreensão dos que mais amamos em torno de nossas opções religiosas.

Muitos haverão de descrer da sinceridade de nossas convicções no Ideal que abraçamos.

Outros escarnecerão das incipientes faculdades mediúnicas que nos esforçamos para exercer.

Da boca de quem nos seria lícito esperar incentivo, ouviremos ironias na luta que travamos pela própria renovação.

Seguindo os exemplos do Cristo, não esmoreceremos, porém.

Não buscaremos outro aplauso que não seja o da consciência tranquila pelo dever retamente cumprido.

Em vez de aguardar compreensão, compreenderemos.

Se fôssemos nós em lugar deles, talvez também duvidássemos, igualmente entregando-nos à zombaria.

Há tanto tempo, andamos equivocados, que não podemos mesmo criar expectativas exageradas de aprovação às nossas atitudes do presente.

Mudança de vida não implica em simples mudança de caminho.

A fim de nos acompanharem os passos, os que nos observam exigirão maiores demonstrações de que, verdadeiramente, rompemos com o passado.

Os que nos conhecem mais de perto costumam não perdoar em nós os traços de humanidade mesclados às virtudes que ainda não conquistamos integralmente.

Do ponto de vista da consciência, os primeiros a se sentirem incomodados pela pregação e pela vivência de Jesus foram justamente os seus familiares consanguíneos, que preferiram rotulá-lo de desajustado mental em lugar de promover substancial alteração no curso de suas existências.

60

ESTRANHA REAÇÃO

"Ele desceu a toda pressa e o recebeu com alegria." – (Lucas, cap. 19 – v. 6)

Zaqueu, maioral dos publicanos, era considerado um homem pecador.

Com certeza, a sua tarefa de homem público lhe havia gerado inúmeras antipatias entre os judeus.

Consideremos que, de fato, por vezes extrapolava em sua atribuição de coletor de impostos, pois ele mesmo o reconhece quando afirma: *"... e, se nalguma cousa tenho defraudado alguém, restituo quatro vezes mais"*.

É possível, ainda, que o seu propósito em reparar os excessos cometidos não o tenha isentado totalmente da dívida moral contraída, no exercício de sua função.

Todavia, ao mais leve aceno do Cristo, Zaqueu dá-se pressa em descer do sicômoro em que havia subido para vê-lo passar.

Sem sermos exatamente pecadores como Zaqueu, quantos de nós não continuamos a oferecer resistência aos convites do Senhor para o recebermos no coração?

Interessante, por outro lado, analisarmos a atitude egoísta dos judeus que, valendo-se da primeira oportunidade que tiveram, partiram para a retaliação contra Zaqueu, impedindo que ele, segundo o Evangelho, homem de pequena estatura, se aproximasse de Jesus...

Contrastando, no entanto, com muitos integrantes da multidão que acompanhava o Mestre, sem, contudo, efetuar a menor mudança de natureza íntima, Zaqueu se dispõe a recebê-lo com alegria e, de imediato, se transforma.

Dentre outros fatores, isto não significa que a nossa verdadeira proximidade com o Divino Mestre se traduza pelo nosso tempo de permanência com ele ou pelo fato de o estarmos seguindo pelos caminhos que trilha.

Muitos que, devido a certas circunstâncias, permanecem à margem da fé, à semelhança do publicano que Jesus encontrou em Jericó, vivem apenas à espera de um aceno a fim de vencerem os impedimentos da própria consciência e se aproximarem de Deus em definitivo.

E, quando isso acontece, igualmente, são muitos os que, sentindo-se desprestigiados, reagem estranhamente como os judeus reagiram, acusando Jesus de se hospedar com um homem pecador.

61

ATÉ ENCONTRÁ-LA

"Qual, dentre vós, é o homem que, possuindo cem ovelhas e perdendo uma delas, não deixa no deserto as noventa e nove e vai em busca da que se perdeu, até encontrá-la?" – (Lucas, cap. 15 – v. 4)

Efetivamente, não há quem possa fugir aos compromissos assumidos, em nome do amor.

Segundo Jesus, o pastor diligente não abandona uma só de suas ovelhas, perseverando em encontrá-la.

Não imaginemos, assim, que possamos relegar à própria sorte os que nos foram confiados à tutela espiritual.

Mais cedo ou tarde, haveremos de tudo deixar, com a finalidade de trazê-los, redimidos, à nossa companhia.

É da Lei que ninguém desfrute de felicidade completa, antes de promover a completa felicidade do semelhante.

Aqueles dos quais deliberamos nos apartar na caminhada, por termos esgotado as nossas limitadas reservas de paciência e tolerância para com eles, continuam sendo nossa responsabilidade.

Munidos, depois, de novas reservas de força moral, empreenderemos complexas excursões, com o propósito de resgatá-los ao abismo da viciação e do erro.

O que seria de nós outros se, porventura, cansado de nossos desvarios, o Divino Pastor desistisse de nos tanger para o seu aprisco?

Como poderíamos olvidar a quem, em determinada situação, nos foi tão útil, tendo, posteriormente, enveredado pelos caminhos que nos ensinou a evitar, a fim de que neles não nos comprometêssemos?

Na Parábola da Ovelha Perdida, Jesus afirma que o homem, ao encontrá-la, *"põe-na sobre os ombros, cheio de júbilo."* Vejamos que ele, simplesmente, não toma a iniciativa de tangê-la com o seu cajado: toma-a sobre os ombros com alegria e a carrega!

Quantos não são os que se queixam de que este ou aquele, seja familiar ou amigo, se lhe transformou em fardo excessivamente pesado para transportar?

Não nos esqueçamos de que a ovelha tresmalhada, na situação de extrema penúria em que se vê, para voltar ao rebanho, necessita do auxílio direto e constante de quem, dispensando o cajado, se dispõe a carregá-la em seus próprios braços, sem reclamar.

62

JESUS E A ELITE INTELECTUAL

"Diariamente Jesus ensinava no templo; mas os principais sacerdotes, os escribas e os fariseus e os maiorais do povo procuravam eliminá-lo..." – (Lucas, cap. 19 – v. 47)

Para que Jesus não livrasse o povo da ignorância, na qual os poderosos da época faziam questão de conservá-lo, para sempre tê-lo sob o seu jugo opressor, tramavam contra Ele e procuravam eliminá-Lo.

Justamente os que mais deveriam criar meios para facilitar sua tarefa de esclarecimento popular, eram os que mais se esforçavam no sentido de impedir que Ele o fizesse.

Acontece, porém, que a pregação do Divino Mestre se opunha, frontalmente, aos equivocados conceitos dos que ambicionavam o poder, não hesitando, para tanto, em corromper a própria consciência.

Infelizmente, durante muito tempo, continuará sendo assim sobre a Terra – os que erguerem a voz, em nome da Verdade, para emanciparem o pensamento humano, padecerão ignominiosas perseguições.

Com a intenção de se sustentarem em suas cômodas posições, que atendem a interesses pessoais de ordem imediata, os que se sentirem ameaçados pela força das novas ideias anunciadas intentarão reacender, para os seus arautos, as fogueiras da Inquisição.

Inútil, porém, toda e qualquer manobra das trevas com o intuito de deter o avanço da luz.

O sangue dos primeiros mártires cristãos, derramado nas arenas do sacrifício, se transfigurava em sementes de novos adeptos do Evangelho Nascente.

Quanto mais um conceito se faz perseguido, maior é o receio que ele inspira aos que se lhe constituem adversários gratuitos.

Jesus foi vítima da elite intelectual de seu tempo e não daqueles que, de maneira proposital, eram mantidos à margem, anulados em quase todos os seus sonhos e aspirações de progresso.

Não obstante, embora o homem possa opor obstáculos à marcha da luz da Verdade, criando embaraços à sua livre propagação, no curso inexorável do tempo, não há nada que a impeça de brilhar, vitoriosa.

63

APENAS ADMIRADORES

"Não puderam apanhá-lo em palavra alguma diante do povo; e, admirados da sua resposta, calaram-se." – (Lucas, cap. 20 – v. 26)

Diante da sabedoria de Jesus, os escribas e os principais sacerdotes, que tentaram enredá-lo com seus sofismas, a respeito do tributo devido a César, calaram-se, mas não mudaram.

Admiraram-se de sua resposta – *"Dai, pois, a César o que é de César, e a Deus o que é de Deus"* –, no entanto, continuaram os mesmos.

Silenciaram de momento, contudo não desistiram de armar-lhe ciladas.

Renderam-se à lógica de seus argumentos, todavia não aderiram às suas ideias.

Retraíram-se, mas somente com o propósito de voltar a conspirar contra ele com maior determinação.

No fundo, talvez, mais ainda lhes tenha aumentado a inveja e o desejo de eliminá-lo, avaliando o perigo que representava para os interesses escusos que defendiam.

Muitos de nós outros somos assim – apenas admiradores do Cristo, porém não tanto, que nos decidamos a segui-lo, renunciando a nós mesmos.

Enaltecemos a sua figura sem igual nas páginas da História, para, em seguida, prosseguirmos questionando sobre a sua real existência.

Imitando os escribas e os sacerdotes que o interpelaram, emudecemos pelo tempo que seja suficiente no sentido de articularmos novas objeções às suas palavras.

Enfim, indo às derradeiras consequências, tudo fazemos para resistir ao anseio divino de renovação que ele representa junto aos nossos espíritos recalcitrantes.

E porque a sua luz nos incomoda a visão, procuramos apagá-la.

Porque a sua simples presença se nos constitui estorvo às ambições mesquinhas, não hesitamos em fazer reeditar a cena do Gólgota e, outra vez, o crucificamos!

Providência alguma impedirá, porém, que suas palavras continuem ecoando nos recessos de nossa consciência, porque basta que o tenhamos ouvido em uma só delas para que nunca mais possamos esquecê-la.

64

ABRE-TE!

"Jesus, tirando-o da multidão, à parte, pôs-lhe os dedos nos ouvidos e lhe tocou a língua com saliva..." – (Marcos, cap. 7 – v. 33)

Atravessando o território de Decápolis, Jesus se depara com um homem que era surdo e praticamente mudo.

Compadecendo-se de sua situação, alguns o conduziram à presença do Divino Mestre, para que Ele o curasse.

Frustrando, no entanto, as expectativas dos curiosos que, talvez, desejassem lhe mensurar o poder espiritual, o Senhor se afasta com ele e, longe dos olhares do povo, lhe devolve as faculdades de ouvir e falar com desembaraço.

Quantos, porém, daqueles que o seguiam não padeciam de surdez e mudez espirituais crônicas? Quantos não eram os que o ouviam sem escutar e, portanto, não logravam repetir com nitidez o que ele não cansava de lhes ensinar?

Infelizmente, temos todos algo das limitações que caracterizavam não apenas o pobre homem surdo e gago de Decápolis, mas também da multidão, a padecer de estranha enfermidade que lhes acometia o espírito.

Que o Senhor, pois, se compadeça de nossas mazelas morais e nos diga ao entendimento tardo o que disse àquele irmão que vivia recluso em si mesmo: — *"Abre-te"!*

Oremos para que, com a sua magnanimidade, ele nos toque os ouvidos e a língua, a fim de que passemos a ouvir com maior discernimento e a falar com maior proveito.

Que ele amplie a nossa capacidade receptiva, a fim de que não prossigamos de espírito surdo às profundas realidades da Vida.

Imaginemos a tremenda provação daquele homem que, estando na presença física do Cristo, se encontrava impedido de escutá-lo e de contar aos seus o que dele testemunhara!

Mas não nos esqueçamos de que foi para que, mais tarde, ele não alegasse que estivera, sim, diante da Verdade, mas que não pudera escutá-la, que o Senhor o curou.

65

SOCORRO DO ALTO

"Levantou-se entre eles uma discussão sobre qual deles seria o maior." – (Lucas, cap. 9 – v. 46)

Muitos religiosos ainda discutem entre si, para saberem com quem esteja a primazia da Verdade.

Conflitam-se de todas as maneiras, como quem mede forças sobre um tablado, não tanto com o intuito de superar os próprios limites, mas, sim, de vencer o oponente e humilhá-lo.

Nem os Apóstolos lograram se isentar de tão lamentável fragilidade espiritual, que costuma acometer os mais desavisados tarefeiros da Boa Nova.

Não especulavam eles em torno de quem, sem medir espírito de sacrifício, se constituiria em maior exemplo de fidelidade ao Senhor e de renúncia a si mesmo.

Exaltando-se nas virtudes que não possuíam de todo, pleiteavam lugares de maior destaque no Reino dos Céus, desconsiderando a bênção de terem sido admitidos na condição de simples aprendizes do Divino Mestre.

Quantos de nós, adeptos do Evangelho Restaurado, ignorando o montante dos débitos que persistem conosco e as sombras em que ainda nos movimentamos, não passamos a nos atritar com os companheiros pela nesga de luz que já nos favorece a visão?

Este, por ser portador de diminuta possibilidade em seu campo mediúnico, se rende a delírio de natureza obsessiva e passa a se acreditar elevado missionário da Vida Maior.

Aquele, porque faz uso da palavra e arranca aplausos de quem lhe escuta nas lições que ele próprio não consegue vivenciar no cotidiano, exige um tratamento diferenciado, por onde desfile de braços dados com a vaidade e a ilusão.

Outro mais, chamado à grave responsabilidade de exercer certo cargo de liderança no grupo de atividades a que se vincula, na primeira oportunidade de que dispõe, se revela tão autoritário quanto os mais autoritários ditadores de qualquer regime político de exceção.

Também por este motivo é que, quando o Alto deseja preservar a sanidade e o equilíbrio de determinado tarefeiro, zelando pelo rendimento e pela qualidade do serviço que lhe foi confiado, costuma socorrê-lo em sua integridade espiritual através do concurso da dor.

66

JÁ SABEMOS

"Respondeu-lhe o intérprete da lei: O que usou de misericórdia para com ele. Então lhe disse: Vai e procede tu de igual modo." – (Lucas, cap. 10 – v. 37)

Qual o intérprete da lei, na Parábola do Bom Samaritano, quase todos já sabemos as respostas para as perguntas que formulamos a respeito do que nos seja essencial à felicidade.

Talvez ainda nos falte mais amplo conhecimento da Verdade, mas todos já conhecemos suficientemente o Amor que necessitamos vivenciar, em nosso propósito de herdar a vida eterna.

Porém, se continuamos a especular em torno dos deveres que nos são fundamentais à existência, é porque, no fundo, ainda não nos encorajamos a cumpri-los.

O intérprete da lei alimentava a esperança de mais

fácil caminho de ascensão ao Reino dos Céus – um caminho que não passasse pela sua maior necessidade de renúncia e sacrifício, ao palmilhá-lo.

Em nossos anseios de galgar as Esferas Superiores, somos também assim, vivendo na expectativa de algo que não nos solicite tanta abnegação e nem nos induza à necessidade de tão profunda transformação.

O Cristo, entretanto, no diálogo estabelecido com o intérprete da lei, não lhe deixou alternativa: *"Vai e procede tu de igual modo"*.

Ninguém carece possuir formação acadêmica ou teológica, para tomar consciência de suas obrigações em relação aos semelhantes. Aliás, são as pessoas mais cultas que, com a finalidade de se esquivarem aos seus deveres espirituais, engendram os sofismas mais absurdos!

O sacerdote e o levita que omitiram socorro ao homem caído na estrada, gastaram precioso tempo mental articulando desculpas pela sua indiferença e, mesmo assim, escolheram seguir adiante, com o sentimento de culpa que não conseguiriam alijar de si.

O tempo por nós consumido em não fazer o que nos compete é muito maior que o tempo exigido para sua execução.

Preferimos, no entanto, conviver com a dor do remorso que nos atormenta o espírito, a ter a indefinível sensação de paz que nos invade, por, simplesmente, termos cumprido com o dever.

67

COMECEMOS

"E dizia: A que é semelhante o Reino de Deus e a que o compararei? É semelhante a um grão de mostarda que um homem plantou na sua horta e cresceu e fez-se árvore; e as aves do céu aninharam-se nos seus ramos." – (Lucas, cap. 13 – vv. 18 e 19)

Não esperemos fazer grandes coisas, antes que, para arcar com a responsabilidade de executá-las, tenhamos nos habilitado nas tarefas consideradas menores.

Não nos esqueçamos de que, sobre a Terra, a vida biológica começou a se desenvolver a partir de uma célula.

Os oceanos se originaram de humildes filetes d'água.

As maiores florestas tiveram por berço uma simples semente.

O livro mais volumoso foi composto com as letras do alfabeto.

O grão de mostarda, ao qual Jesus compara o Reino de Deus, é quase de tamanho microscópico, no entanto, se cultivado com esmero, põe-se a crescer prodigiosamente.

Alimentando o anseio de ser útil na construção do bem sobre a Terra, como quem ergue uma casa do alicerce, ainda que sozinhos, comecemos a trabalhar.

Aos poucos, a nossa boa vontade, quando sincera, atrairá a colaboração espontânea de companheiros que saberão identificar em nós o desejo de servir.

Grandes projetos, quase sempre, costumam não sair do papel.

As ações mais produtivas, que se expandiram em benefício do próximo, foram fruto das mais modestas concepções daqueles que, para colocá-las em prática, não mediram sacrifício e nem listaram dificuldades iniciais.

Para promover a multiplicação dos pães e dos peixes, alimentando cerca de cinco mil homens, o Cristo não necessitou de que os Apóstolos lhe dessem mais que cinco pães e dois peixes.

Com o que somos e o que temos, embora seja pouco, coloquemo-nos à disposição do Senhor, o qual, sondando os nossos sentimentos, verificará a possibilidade de qual maneira nos aproveitar o esforço na construção do Mundo Melhor.

68

NO PARTIR DO PÃO

"Então os dois contaram o que lhes acontecera no caminho, e como fora por eles reconhecido no partir do pão." – (Lucas, cap. 24 – v. 35)

Foi no partir do pão que os caminheiros de Emaús reconheceram que estavam diante do Cristo Redivivo.

Durante longo trecho, estiveram caminhando ao seu lado e, segundo anotações de Lucas, *"começando por Moisés, discorrendo por todos os profetas, expunha-lhes o que a seu respeito constava em todas as Escrituras"*, mas, ainda aí, não foi assim que eles puderam identificá-lo.

Tampouco os traços fisionômicos daquele homem, que a eles se juntara, foram suficientes para que ambos se sentissem na presença do Divino Amigo.

No entanto, por mais que o Senhor quisesse se

lhes ocultar na glória da própria imortalidade, não pôde fazê-lo quando, estando com eles à improvisada mesa, tomou o pão, abençoou-o *"e, tendo-o partido, lhes deu"*...

Reparemos, pois, na maneira com que, aos olhos dos homens, procuramos ser identificados, porque, quase sempre, será pela mesma característica que os olhos de Deus nos identificarão.

Em muitos de nós, talvez, ainda exista mais intenção do que determinação em fazer o bem.

Mais falsa modéstia, que verdadeiro sentimento de humildade.

Mais aparência de virtude, que sincero esforço de renovação íntima.

Neste sentido, não nos esqueçamos de que até o modo com o qual oferecemos singela moeda ao próximo é, meticulosamente, observado pela Lei.

Como estendemos uma simples caneca d'água ao sedento?

Com que tom de voz nos dirigimos a alguém para confortá-lo?

O que se oculta por trás de nosso gesto de aparente solidariedade?

Sejamos previdentes, porque a essência do que somos sempre transparecerá através da mais insignificante de nossas atitudes e, nem sob efeito de disfarce, ninguém fugirá da realidade de assim se mostrar como é.

69

MÃOS E PÉS

"Dizendo isto, mostrou-lhes as mãos e os pés." – (Lucas, cap. 24 – v. 40)

Ao aparecer aos discípulos, na condição de espírito redivivo, Jesus, com o propósito de mais bem se identificar, lhes mostra as mãos e os pés, que exibiam os sinais da crucificação.

Eis, pois, quais devem ser as marcantes características do verdadeiro servidor do Evangelho, que se entrega ao trabalho de construção da Nova Era, sem lhe temer as consequências.

Mãos assinaladas pela ação ininterrupta, por vezes, rude, e pés que se laceram na caminhada repleta de pedras e espinhos.

Não fosse o Cristo um espírito em constante atividade, por certo, não teria ele como se revelar aos discípulos com as marcas inconfundíveis do próprio testemunho.

Bem-aventurado é aquele que se desgasta nas tarefas do bem sobre a Terra e, ao atravessar os limites do túmulo, nas alfândegas da Vida Maior, apresenta as credenciais que traz em seu corpo de obreiro.

Ninguém ascenderá às Dimensões Superiores procurando, física e espiritualmente, se poupar no esforço que é indispensável empreender para tanto.

Contrastando com a maceração inútil, à qual se submete os que flagelam o corpo de maneira austera, há o sacrifício altamente meritório dos que, sublimando o espírito, não se concedem trégua no atendimento às necessidades alheias.

Não nos mantenhamos distantes do abençoado labor que, ao longo do tempo, se nos refletirá nas mãos e nos pés, falando de nossa íntima condição de seguidores do Cristo.

Trabalhemos, incansavelmente.

Não nos preocupemos, em excesso, com a aparência.

Infelizes os que partem do mundo sem uma única cicatriz adquirida em nome do Senhor, pois a ausência de semelhante sinal, na alma ou no corpo, apenas demonstrará quanto fomos omissos no campo da fé operosa, sem coragem suficiente para sofrer por amor ao Ideal.

70

DIANTE DA LUZ

"Ele era a lâmpada que ardia e alumiava, e vós quisestes por algum tempo alegrar-vos com a sua luz." – (João, cap. 5 – v. 35)

Referindo-se a João Batista, Jesus afirma que *"ele era a lâmpada que ardia e alumiava"* e que os discípulos quiseram, por algum tempo, se alegrar na presença de sua luz.

De fato, João, igualmente, se fez mensageiro das alvíssaras do Céu para os homens na Terra.

Desincumbiu-se tão bem da tarefa de Precursor, que, inclusive, chegou a ser confundido com o advento do próprio Messias, que a sua palavra anunciava ser iminente.

Vejamos, no entanto, que, diante da luz, uma atitude passiva não basta.

Toda claridade se faz para que possamos divisar a extensão do serviço a ser realizado.

Mesmo a diminuta chama de uma vela nos conclama a indispensável ação em torno.

Pequeno conhecimento do Evangelho promove suficiente luz em nossos espíritos para que, sem mais demora, demos início ao trabalho de nossa renovação.

Ante as revelações da Doutrina Espírita, não continuemos apenas e tão-somente deslumbrados, como quem, acostumado há longo tempo nas trevas, perde preciosos minutos na contemplação da luz.

A mensagem de João, basicamente, era a do arrependimento pela devoção, mas a do Cristo é a da transformação pelo trabalho.

O espírita revela o seu grau de compreensão e de assimilação do Espiritismo pela sua capacidade de servir e não pelos conhecimentos teóricos que detenha sobre os seus postulados.

A luz da fé que não nos induz à ação no bem não nos elimina a cegueira do espírito.

Não copiemos a reação ingênua das crianças que festejam, com algazarra, o retorno de súbita interrupção de energia, ante as luzes da casa e dos postes que se voltam a acender na via pública, para, em seguida, se entregarem à mesmice de sempre, como se nada houvesse acontecido.

71

NO CAMPO DA VIDA

"Que fará, pois, o dono da vinha? Virá, exterminará aqueles lavradores e passará a vinha a outros." – (Marcos, cap. 12 – v. 9)

Certas palavras de Jesus parecem não se coadunar com a sua Divina Mansuetude – todavia, não devemos ter receio de interpretá-las em seu verdadeiro significado.

É o caso, por exemplo, da Parábola dos Lavradores Maus.

O Mestre é claro, ao se referir à severidade com que o dono da vinha haveria de agir, na justa repreensão aos seus arrendatários, que não souberam corresponder à confiança neles depositada.

Sem meias palavras, ele nos diz que o dono da vinha, constatando as irregularidades cometidas, exterminaria os lavradores maus e passaria a plantação à responsabilidade de outros.

No Campo da Vida, somos todos chamados a algo lavrar em nome do Senhor.

A advertência contida na Parábola não deve, pois, ser interpretada apenas como sendo dirigida aos que lidam com interesses de ordem religiosa.

Se não soubermos zelar pela vinha de nossos relacionamentos afetivos, seremos destituídos da posição que ocupamos no grupo familiar.

Se não honrarmos os deveres de natureza pública que nos são confiados, através dos cargos os quais somos chamados a exercer, perderemos as prerrogativas que nos favorecem.

O alerta do Cristo se nos estende tanto ao âmbito de atuação individual quanto coletiva.

Uma nação que tenha sido designada para liderar outras, pugnando pelo seu desenvolvimento, caso venha a extorqui-la em benefício próprio, se verá alijada de seu importante papel no contexto dos países.

A Lei de Causa e Efeito, através das múltiplas experiências no corpo carnal, faz com que posições consideradas sólidas acabem por se modificar, com o servo sendo promovido à condição de patrão e o patrão rebaixado à condição de servo.

Não olvidemos, ainda, que a lição da Parábola também se aplica ao concerto dos mundos, pois os espíritos recalcitrantes que não corresponderem, na Terra, às expectativas do Criador – o Dono da Vinha Universal! –, haverão de ser desterrados em suas ambições, cedendo lugar a lavradores dispostos a cumprir com a sua Vontade.

72

SILENCIAR E SERVIR

"Pois muitos testemunhavam falsamente contra Jesus, mas os depoimentos não eram coerentes." – (Marcos, cap. 14 – v. 56)

Não esperemos qualquer coerência da parte de quem nos acusa ou recrimina, movido por interesses de ordem pessoal.

As pessoas determinadas a nos prejudicarem não carecem de motivos aparentemente justos para que o façam.

Qualquer pretexto lhes servirá para o que se encontram empenhadas a fazer contra nós.

Se assim foi com o Cristo, por que esperar que conosco seja diferente?

A capacidade imaginativa do mal é extremamente fértil e, quando se trata de aniquilar alguém, suas artimanhas parecem não se esgotar.

Às vezes, imitando o sábio exemplo do Senhor, o que nos cabe é apenas guardar silêncio, arregimentando forças para suportarmos as consequências danosas da calúnia e da maledicência.

E, sem dúvida, a melhor maneira de opormos pacífica resistência à ofensiva das trevas será a de perseverarmos na tarefa que nos foi confiada, sem nos arredarmos um só milímetro no cumprimento dos deveres de cada dia.

Quem serve ao bem de consciência tranquila não precisa advogar em causa própria.

É da Lei que as palavras jamais prevaleçam sobre as atitudes.

O mais eloquente orador não possui argumentação sólida para induzir ao descrédito aquele que age sem outro intuito que não seja o de simplesmente cooperar na obra do Senhor.

Sob ataques morais de toda ordem, perseveremos no auxílio a quem a nossa presença será sempre a do benfeitor que ainda não somos, mas tampouco a do marginal que nos dizem ser.

Quase sempre, as vozes que hoje nos injuriam são as mesmas que, amanhã, terminarão por nos colocar o humilde trabalho em evidência.

Não nos preocupemos, pois, em demasia, com o que falem de negativo a nosso respeito, porque a única opinião que nos deve interessar é a do Cristo, e esta nós sabemos ser muito diferente daquela que procede da boca de nossos detratores.

73

"REPREENDEU A FEBRE"

"Inclinando-se ele para ela, repreendeu a febre, e esta a deixou; e logo se levantou, passando a servi-los." – (Lucas, cap. 4 – v. 39)

Deixando a sinagoga e indo para a casa de Simão, Jesus se depara com a sogra do pescador, que, febril, se encontrava impossibilitada de levantar-se do leito.

As anotações de Lucas, que era médico, são, no mínimo, instigantes, pois, em todo o Evangelho, não existe nenhuma outra que se lhe assemelhe.

Afirma o Evangelista que o Mestre, inclinando-se para ela, *"repreendeu a febre, e esta a deixou..."*

Como, em verdade, o Senhor terá procedido para curá-la de imediato? A pobre mulher estaria assediada por algum espírito que lhe vampirizava as forças? Acreditamos que não, já que, em inúmeros outros casos de cura, motivados por obsessão, o fato não deixa de ser mencionado.

O relato envolvendo a cura da sogra de Simão Pedro não enseja margem a diversa conclusão que esta: o Cristo, que transformara a água em vinho nas Bodas de Caná, também detinha poder sobre a constituição química dos elementos e das células, que lhe eram dóceis às requisições de ordem mental.

Com a sua singular possibilidade espiritual, talvez, inclusive, falando ao inconsciente da enferma, promovera, de maneira prodigiosa, a multiplicação de seus anticorpos, que, passando a combater o foco infeccioso a agredir-lhe o organismo, o debelaram.

A explicação da ação do inconsciente, no entanto, não pode ser aplicada aos portadores de hanseníase que tiveram os seus corpos completamente limpos ou mesmo aos paralíticos e cegos de nascença, que, desde o berço, traziam os respectivos órgãos mutilados.

O verbo *"repreender",* utilizado por Lucas, nos induz a pensar em "restauração", como um artesão que, valendo-se de suas habilidades, restaura uma peça de argila com este ou aquele defeito.

A capacidade do homem de agir sobre o barro, *"repreendendo-o",* ou "remodelando-o", buscando o aprimoramento da forma, acreditamos, deve ser a do Cristo de agir sobre os corpos doentes em lhes devolvendo a integridade física, pela simples ação de sua vontade.

74

NAS LONGAS PROVAÇÕES

"Então lhe disse Jesus: Levanta-te, toma o teu leito e anda." – (João, cap. 5 – v. 8)

Junto ao tanque de Betesda, Jesus cura um homem que, havia trinta e oito anos, era paralítico – havia trinta e oito anos ele esperara, em vão, pela cura.

Ninguém dele se compadecia e o auxiliava com mergulhar o seu corpo nas águas que, quando agitadas por um anjo, adquiria propriedades curativas.

O episódio, que nos enseja inúmeras reflexões, é, sobretudo, uma mensagem de esperança para quantos permanecem, há longo tempo, na expectativa de uma bênção do Alto.

Aquele homem, embora resignado com a sua situação, não desistira de obter a cura, e, quando o Céu considerou que a sua prova chegara a termo, ele nem precisou continuar disputando a oportunidade de ser o primeiro a se banhar no tanque.

Interessante ainda notar as palavras que o Cristo lhe dirige: *"Levanta-te, toma o teu leito e anda"*.

Ele estava sendo motivado a se levantar e andar com as próprias forças.

O Senhor o exortava a caminhar, pois que a Vida é eterno movimento de ascensão.

Mais tarde, porém, após a concessão da graça, ao encontrá-lo no templo, Jesus não deixa de alertá-lo: *"Olha que já estás curado; não peques mais, para que não te suceda cousa pior"*.

A advertência, no entanto, parece não ter surtido efeito, porque, ação contínua, o paralítico que havia sido curado denuncia Jesus aos judeus, que, então, passam a persegui-lo.

Todos nós queremos a cura, mas não a repreensão.

Ansiamos pelo benefício, mas não pelas palavras do benfeitor.

E, por vezes, quando intimamente contrariados, não hesitamos em nos voltar contra aqueles dos quais, momentos atrás, recebemos amparo.

Por este motivo, quem sabe, como o paralítico do tanque de Betesda, quase todos somos chamados a suportar longas provações, até que, efetivamente, estejamos espiritualmente preparados para delas nos liberarmos, sem que a bênção obtida nos coloque em perigo de cometer faltas mais graves.

75

DIVERGÊNCIAS

"Então lhe disse Pedro: Explica-nos a parábola. Jesus, porém, disse: Também vós não entendeis ainda?" – (Mateus, cap. 15 – vv. 15 e 16)

Jesus admirava-se, por vezes, de nem os próprios Apóstolos poderem atinar com o significado de suas Parábolas.

E vejamos que o Divino Mestre sempre procurava a maneira mais simples de transmitir os seus ensinamentos.

O episódio acima, narrado por Mateus, é decorrente do que ele lhes havia dito a respeito dos fariseus, os quais haviam se escandalizado com as suas palavras: *"Deixai-os: são cegos, guias de cegos. Ora, se um cego guiar outro cego, cairão ambos no barranco".*

Muitos continuam sendo, no mundo, aqueles que

não compreendem ou não se esforçam por compreender os fundamentos mais claros com que a Verdade se nos revela.

Embora detentores de títulos acadêmicos ou, então, considerados homens de inteligência privilegiada, não conseguem ou não querem penetrar a essência das lições que o Espiritismo nos transmite.

E porque não logram ou não lhes convém entendêlas em toda a sua plenitude, rotulam por errônea toda interpretação que lhes escape à perspicácia espiritual.

Apenas o que lhes obtém o endosso dos interesses, mormente quando de sua autoria intelectual, deve ser levado em consideração e acatado – o resto, para eles, é fruto de mentes doentias...

Pela nossa notória incapacidade de assimilar, em espírito e verdade, as palavras do Cristo é que, com base nelas, temos nos dividido em diversos seguimentos religiosos e nos apartado uns dos outros.

Divergimos sobre o que existe para nos unir.

E o pior de tudo é que, com base no próprio Evangelho, impomos aos outros os nossos equívocos deliberados, assumindo grave responsabilidade pelos desvios e excessos que os levamos a cometer.

Porém os pretensos instrutores e os discípulos que lhes acatam as ideias, mais cedo ou tarde, quando caírem *"no barranco"*, ou seja, quando se precipitarem no abismo do desencanto e da dor, despertarão das ilusões que sustentaram em si e fizeram sustentar em seus semelhantes, movidos pela arrogância e pela ambição de hegemonia.

76

OBSTÁCULOS E OPORTUNIDADES

"Porque se amardes os que vos amam, que recompensa tendes? Não fazem os publicanos também o mesmo?" – (Mateus, cap. 5 – v. 46)

O homem está sempre sendo chamado a superar os próprios limites.

Se tal, porém, ocorre no âmbito de suas possibilidades físicas, já no campo de seu mundo moral não poderia ser diferente.

Física e espiritualmente, não somos obra acabada.

Tudo e todos nós, em busca da perfeição, estamos sendo, a cada dia, exortados a avançar além.

O Cristo, basicamente, veio nos ensinar a ciência da autossuperação.

A virtude do perdão, por exemplo, é para ser exercida para quem dela necessita, ou seja, para com aqueles que nos magoam – e quanto maior for a mágoa, certamente maior haverá de ser o mérito do perdão.

A semente, para germinar e florescer, deve, necessariamente, se expor a certos constrangimentos.

Sem que sofra a ação do cadinho esfogueante, a argila não se converte em porcelana.

O mármore, se não se submete à força do cinzel que o lacera, não passa de pedra sem maior valor.

Ninguém avança sem se defrontar com obstáculos, que devem ser interpretados à conta de oportunidades de crescimento e evolução e não como empecilhos à felicidade.

Fazer o bem àqueles que o bem nos fazem, nada mais é que retribuir o gesto de solidariedade.

Em responder a um cumprimento na via pública, não fazemos mais que o nosso dever de criaturas civilizadas.

A iniciativa de sorrir para quem não nos sorri ou de nos aproximarmos de quem de nós se distancia é que nos eleva e promove.

De quem procura seguir o Cristo, não se espera somente o comportamento óbvio, comum entre as pessoas comuns.

Em outras palavras: o cristão verdadeiro é chamado a não somente reagir, mas a agir positivamente, com a finalidade de provocar reações positivas, transformando-se em causa ativa do bem a se propagar ao redor de seus passos.

77

JESUS QUER!

"Jesus, profundamente compadecido, estendeu a mão, tocou-o e disse-lhe: Quero: fica limpo!" – (Marcos, cap. 1 – v. 41)

Aproximando-se de Jesus, pobre leproso, pondo-se de joelhos, disse-lhe: *"Se quiseres, podes purificar-me"*.

É evidente que o Senhor, desejando que ele recobrasse a saúde, redarguiu de imediato: *"Quero: fica limpo!"*

A Vontade Divina, em nosso benefício, é que sempre, em todos os sentidos, estejamos bem.

A rigor, o sofrimento que nos alcança e persiste conosco não é manifestação da Vontade de Deus, que, sendo Perfeito, não criou quanto nos é motivo de infelicidade.

As palavras do Cristo – *"Quero: fica limpo!"* – nos fazem, no entanto, refletir mais profundamente.

Aquele homem seria capaz de se manter "limpo" ou voltaria a se contaminar, infringindo a harmonia da Lei?

Quantas vezes, não teremos, pela Misericórdia da Lei, sido "limpos" de nossas nódoas, para, em seguida, voltarmos a nos macular pela ação de nosso livre-arbítrio?

Há algo implícito na recomendação de Jesus ao leproso que não podemos olvidar.

Permanecermos "limpos", efetivamente, é o nosso maior desafio, porque de que adianta sermos curados pelo médico, se, na primeira oportunidade, voltamos a manter contato com o que nos comprometeu a saúde?

Talvez não estejamos preparados ainda para nos vermos livres de toda dor que nos fustiga o corpo e o espírito, sob pena de adquirirmos processos enfermiços de maior gravidade.

O Céu está disposto a nos curar de nossas chagas e mazelas, mas ficarmos "limpos", durante algum tempo ou para sempre, é tarefa que nos compete.

Diz o Evangelista que, após ter curado aquele homem, Jesus lhe fez *"veemente advertência"* e o despediu.

Embora tais palavras de advertência não tenham sido registradas por Marcos, não nos será difícil imaginar quais tenham sido elas.

78

ORGULHO E PRECONCEITO

"Não é este o carpinteiro, filho de Maria, irmão de Tiago, José, Judas e Simão? E não vivem aqui entre nós suas irmãs? E escandalizavam-se nele." – (Marcos, cap. 6 – v. 3)

Os judeus escandalizavam-se com Jesus não apenas pela sabedoria com que as suas palavras os confundiam, mas também por ser ele um homem que lhes aparentava ser extremamente comum.

Vejamos quanto orgulho e preconceito humanos jazem consubstanciados em tão poucas palavras anotadas pelo Evangelista.

Para os escribas e fariseus, o Messias esperado não poderia ser um homem que se lhes nivelasse com a própria condição social, mas, sim, portador de predicados exteriores que os levassem a reverenciá-lo como digno representante de suas ambições de poder.

Jesus parecia-lhes extremamente simples e vulgar, para ser quem dele haviam falado as Escrituras, na voz de todos os profetas que anunciaram o seu advento.

De origem humilde e família como tantas outras existentes na Judeia, filho de uma mulher chamada Maria e de um homem chamado José, com considerável número de irmãos consanguíneos, não poderia ser ele aquele que lhes daria supremacia sobre os demais povos.

De que berços, por exemplo, procederam alguns dos maiores luminares da Espiritualidade que já viveram sobre a Terra?

Sócrates, considerado o mais sábio dos homens, era filho de um simples escultor e de uma parteira.

Francisco de Assis procedia de uma família abastada, mas os seus pais apenas têm os seus nomes lembrados até hoje por causa do abençoado filho que deram ao mundo.

Os genitores de Chico Xavier, em nossa opinião, o espírito mais extraordinário que, depois de Jesus Cristo, já pisou o solo do Planeta, eram um modesto vendedor de bilhetes de loteria e valorosa senhora que lavava roupas para auxiliar no sustento da casa.

Talvez por este motivo, alguns espíritas, qual ocorreu aos judeus de antanho que recusaram a ascendência espiritual do Cristo, também tenham dificuldade para reconhecer naquele jovem estrábico e semialfabetizado, nascido em Pedro Leopoldo, a lúcida figura do Codificador da Doutrina Espírita.

79

E SUBIU PARA O BARCO...

"E subiu para o barco para estar com eles, e o vento cessou." – (Marcos, cap. 6 – v. 51)

Conta-nos Marcos que, estando em alto-mar, os discípulos se viram em apuros sob o vento que lhes era contrário... A frágil embarcação ameaçava soçobrar, ante a fúria das ondas.

Foi quando, naquele justo momento, caminhando sobre as águas revoltas, o Cristo apareceu, para estar com eles, auxiliando-nos na difícil travessia.

Guardemos a preciosa lição e jamais nos sintamos esquecidos ao vendaval das provações.

Jesus sempre estará conosco, solidarizando-se com as nossas dificuldades e fazendo cessar a tormenta que nos fustiga.

Agucemos os ouvidos e haveremos de escutá-lo dizer, na acústica da alma, nos momentos de maior aflição: *"Tende bom ânimo! Sou eu. Não temais!"*

O verdadeiro mestre é aquele que não isenta o aprendiz da experiência que necessita vivenciar, mas também não o deixa à mercê das circunstâncias.

Enquanto muitos, figuradamente, abandonam o barco ao recrudescer da luta, deixando-nos a sós, o Senhor, vindo ter conosco, sobe para o barco, e a sua simples presença nos inspira coragem.

Confiemos, pois, às suas mãos o leme de nossas vidas e naveguemos sem receio, convictos de que ele nos conduzirá, com segurança, rumo ao porto de nossas aspirações de ordem superior.

Perseveremos no cumprimento do dever e, quando nos sintamos esmorecer no testemunho a que somos chamados, seremos socorridos pelo Divino Amigo.

Por conhecer-lhes a fragilidade, ele não consentirá que os seus discípulos sinceros, quando dele mais necessitarem, permaneçam sem a sua proteção.

Efetivamente, estando com Ele, não há o que possamos temer, porque nem mesmo a tormenta da morte impedirá que alcancemos as águas remansosas da Vida Imortal.

80

JEITOSAMENTE

"E disse-lhes ainda: Jeitosamente rejeitais o preceito de Deus para guardardes a vossa própria tradição." – (Marcos, cap. 7 – v. 9)

Não há como possamos ludibriar os preceitos de Deus que jazem inscritos em nossa consciência.

O Cristo revelava profundo conhecimento psicológico das artimanhas do ser humano, com o intuito de fugir à obediência das Leis Divinas.

Ele nos desnuda com o seu olhar percuciente e nos coloca à mostra as intenções mais recônditas.

O menor de nossos propósitos não passará despercebido Dele, e inútil ser-nos-á toda e qualquer tentativa de enganá-lo.

O versículo que nos encima estas reflexões foi anotado por Marcos, quando os escribas e os fariseus o questionaram a respeito do hábito de comer sem antes lavar as mãos.

Valendo-se da oportunidade que se lhe apresentava, o Senhor os repreende por darem maior destaque às tradições religiosas voltadas para o mundo exterior que à necessidade de renovação íntima.

"Jeitosamente", quer dizer, ardilosamente, os judeus rejeitavam os novos ensinamentos de que ele se fazia portador, buscando, através de arenga doutrinária, desviar a atenção do povo a respeito deles.

Quantas vezes, nós outros, *"jeitosamente",* engendramos planos de engodo, na tentativa de nos isentarmos de culpa e responsabilidade?

Para não atendermos o dever espiritual que nos compete e, assim, escaparmos pela tangente, *"jeitosamente"* alegamos inúmeras ocupações...

No fundo, o que pretendemos é corromper os Estatutos da Lei e promovermos um ajeitamento entre o que é divino e o que é humano.

Desejamos, sim, o Céu, mas, de preferência, se não tivermos que abrir mão da Terra!...

Aspiramos à plenitude espiritual, desde, no entanto, que não tenhamos que renunciar aos prazeres efêmeros da existência.

Com tal jeitosa manobra, o que queremos mesmo é fazer com que Deus seja um pouco igual a nós, para que não tenhamos que ser tanto iguais a Ele!

81

PERGUNTA QUE SE IMPÕE

"Que daria um homem em troca de sua alma?" – (Marcos, cap. 8 – v. 37)

Ante os esclarecimentos de que somos imortais, a se tornarem mais patentes com o avanço da própria Ciência para além dos estreitos limites da matéria, uma pergunta se nos impõe:

— *Que fazer com a nossa própria imortalidade?*

Bastar-nos-á, porventura, saber que a Vida não termina no túmulo, para que tenhamos todos os nossos problemas existenciais equacionados?

O que faremos com a eternidade do tempo, através do minuto que passa?

Como haveremos de mais bem aproveitar o nosso estágio nas diferentes dimensões pelas quais excursionamos, trocando de corpo como permutamos uma veste por outra?

O que almejamos? Aonde pretendemos chegar?

Conscientes de que somos os construtores do próprio destino e que a evolução espiritual depende exclusivamente de nosso esforço, que decisões tomaremos doravante?

Acaso permaneceremos como meros expectadores da luta que nos confere acesso aos Planos Superiores ou nos lançaremos, igualmente, a contínuo esforço de ascensão?

Em outras palavras, foram estas as perguntas que Jesus endereçou à multidão, quando indagou a ela, nos remetendo a profundas reflexões: *"Que daria um homem em troca de sua alma?"*

Todos os bens efêmeros da vida valeriam por uma só réstia de luz, advinda do conhecimento de nós mesmos?

Que fortuna amoedada estaria à altura da conquista de uma única virtude?

Em troca da posse de sua alma – não existe outra espécie de câmbio possível! –, o homem deve se despojar de todas as ilusões.

No Universo, tudo que é material somente existe em função do espírito, porque, a rigor, todos os seres e todas as coisas são feitos da mesma essência do Criador.

Portanto, apartemo-nos da matéria como quem se aparta de uma ilusão de ótica, e, sem embaraços e sem peias, sigamos rumo à nossa alta destinação, realizando o Reino de Deus em nós mesmos, aqui e agora.

82

OBSERVEMOS OS FRUTOS

"Mas Jesus respondeu: Não lho proibais, porque ninguém há que faça milagre em meu nome e logo a seguir possa falar mal de mim." – (Marcos, cap. 9 – v. 39)

Foi ao contar que eles haviam presenciado um homem que não lhes integrava o grupo apostólico expelir demônios em seu nome, que João ouviu de Jesus as palavras que nos inspiram as reflexões neste capítulo.

Deixando de lado o compreensível sentimento de ciúme experimentado por eles, ante o anônimo estranho que revelava ser possuidor de faculdade mediúnica semelhante à que exerciam, analisemos, por outro ângulo, o conteúdo espiritual das palavras do Mestre.

Efetivamente, não fosse portador de verdadeiro sentimento de fé, que lhe conferisse autoridade moral na doutrinação de espíritos infelizes, aquele homem não lograria êxito no empreendimento a que se lançava.

Os Apóstolos, talvez, tivessem receio de que o desconhecido se valesse do nome de Jesus para colimar interesses de ordem inferior, como, infelizmente, há tantos que, no mundo de hoje, exploram a boa-fé dos outros em causa própria.

O Cristo, no entanto, deixa claro ser impossível ao homem simular um poder espiritual de que não se faça realmente detentor.

São as nossas ações que fornecem notícias de nosso mundo interior mais profundo, e não as nossas palavras, por mais belas e eruditas.

A aparência de fé não arrebata corações e não se mostra capaz de efetuar qualquer prodígio na renovação de quem seja.

Quem prega sem se impregnar da mensagem que propaga, quase sempre, o faz sem o mínimo de convicção necessária para convencer a quem o escute.

O bem genuíno jamais procederá de quem não seja essencialmente bom.

O grau de credibilidade que este ou aquele medianeiro deve nos inspirar carece de se alicerçar na qualidade dos frutos que, junto aos espíritos que o assessoram na tarefa, em determinado período de tempo mais ou menos longo, ele produz.

Ao tempo do Cristo, quanto em nossos dias, muitos são os que emergem evocando o nome do Divino Senhor, proclamando-se seus ministros; raros, porém, os que se revelam à altura do apostolado pretendido nos testemunhos de sacrifício e renúncia a que são chamados.

83

MEDIUNIDADE CONSOLADORA

"Sentou-se o que estivera morto e passou a falar, e Jesus o restituiu a sua mãe." – (Lucas, cap. 7 – v. 15)

Jesus, compadecendo-se de pobre mãe viúva, que perdera o seu único filho, intercepta os que conduziam o seu esquife, toca-o e diz: *"Jovem, eu te mando: Levanta-te."*

E restituiu o rapaz aos braços de sua mãe!

De certa maneira, na Doutrina Espírita, o exercício da mediunidade consoladora traz de volta os que partiram em demanda da Pátria Espiritual, deixando os seus entes amados saudosos na Terra.

É evidente que somente Jesus possuía o poder de fazer com que os aparentemente mortos tornassem a viver no corpo carnal, perfeitamente reintegrados ao afeto daqueles que estavam prestes a deixar.

Não obstante, através do intercâmbio entre as Duas Dimensões da Vida, a mediunidade, posta a serviço da fé na sobrevivência do espírito, enseja que a voz dos que não morreram volte a ecoar junto aos corações que os pranteiam no mundo.

Este, talvez, seja um dos aspectos mais belos do Espiritismo – o da consolação! – que, ao reviver o Evangelho em sua primitiva pureza, demonstra que a morte é mera ilusão dos sentidos e que todos, sem exceção, permanecemos entrelaçados na aparente distância que nos separa.

A mediunidade com Jesus, sem outra preocupação que não seja a de enxugar lágrimas e restaurar a esperança no futuro, merece, pois, o nosso respeito e incentivo, através da abnegação daqueles que, muitas vezes, suportando o escárnio dos descrentes, se colocam a serviço do amor que desconhece a palavra "adeus".

Abençoados os medianeiros sinceros que, arrostando inúmeras dificuldades, porfiam no cumprimento do dever quase anônimo a que foram chamados.

Que sejam eles fortalecidos em seus propósitos de singelos operários da crença na Imortalidade, superando limites em si mesmos para o definitivo triunfo da Vida sobre a morte.

84

ATENDER E ACOMODAR

"Eles atenderam, acomodando a todos."
– (Lucas, cap. 9 – v. 15)

Sugestivo este versículo anotado por Lucas, referindo-se à multidão de cerca de cinco mil pessoas que participou da primeira multiplicação dos pães.

Jesus solicitara aos seus discípulos: *"Fazei-os sentar-se em grupos de cinquenta"*.

Vejamos que nenhum dos integrantes da multidão foi excluído pela Bondade do Senhor, como nenhum deles foi privilegiado, em detrimento aos demais.

Todos foram, igualmente, acomodados e alimentados, comendo até que se fartassem.

Que a lição nos sirva de exemplo para que, por nossa vez, procuremos acomodar quantos venham até a nós, desejosos de uma oportunidade de renovarem a vida.

Que a ninguém excluamos pelo seu passado de erros, negando-lhe novo alimento espiritual.

Daquele grupo de cinco mil homens, quantos, talvez, mais tarde, participariam do episódio do julgamento do Cristo, optando pela sua condenação à cruz?

Ele, no entanto, não fez acepção de pessoas – em partes absolutamente iguais, todos puderam receber o pão da alma e do corpo.

A casa espírita, pois, deve estar sempre de portas abertas a quem dela venha se valer, e a atitude daqueles que nela militam deve ser de irrestrito acolhimento.

Nada de censura ou de recriminação.

Nem de impedimento, por este ou aquele motivo, seja a quem for.

Ao dirigente espírita constitui sagrado dever atender a todos com espontânea fraternidade.

O Cristo ordenou que os discípulos acomodassem confortavelmente a multidão e, depois, passassem a servi-la, e não, a pretexto de que eram os benfeitores, a serem servidos por ela.

Reflitamos nisto e, também neste campo de nossas atribuições de propagação da Boa Nova, vejamos se estamos cumprindo com o nosso papel.

85

MUITOS SOMOS ASSIM

"A outro disse Jesus: Segue-me. Ele, porém, respondeu: Permite-me ir primeiro sepultar meu pai." – (Lucas, cap. 9 – v. 59)

Quando convidados à tarefa redentora do Evangelho, muitos de nós imitamos a atitude do homem que, pretextando a necessidade de sepultar o pai, esquivouse de assumir a responsabilidade para a qual estava sendo chamado.

Ora, Jesus não estava concitando o filho a ser ingrato para com o seu pai, pelo qual, certamente, tudo quanto deveria ter feito, em tempo hábil, ele tivera oportunidade de fazer.

A lição é profundamente simbólica em seu significado espiritual, pois quantos somos os que alegamos ocupação de última hora, em cujo cumprimento nós poderemos, inclusive, ser substituídos por outrem, para fugirmos a compromisso de ordem mais abrangente?

Provavelmente, se o pai não lhe tivesse morrido, aquele homem articularia diversa desculpa para não atender à exortação que Jesus lhe dirigira: *"Segue-me"!*

Haveria de ponderar que a sua mãe ficara viúva e necessitava de sua presença em casa, que a esposa não seria capaz de compreendê-lo na decisão a ser tomada, que a sua própria condição de pai o impedia de ser tão livre quanto preciso...

Argumentaria, ainda, que não se encontrava espiritualmente preparado para tamanha renúncia, que, antes, careceria de dispor de certos bens que lhe tocaram por herança, que não dispunha de saúde para trabalho tão absorvente e estafante...

O certo, porém, é que aquele nosso irmão, junto com o cadáver de seu genitor, sepultou, igualmente, a inusitada oportunidade pela qual vivemos suspirando, e, no exato momento em que ela aparece, somos pegos desprevenidos.

Estejamos atentos para que, conclamados à bênção de seguirmos o Senhor, não insistamos em continuar priorizando o que é supérfluo em nossas vidas.

Somente Deus sabe quando aquele homem voltaria a ouvir o divino apelo que lhe fora endereçado diretamente pelos lábios do Senhor...

Sinceramente, desconfio que, passados já quase dois mil anos, o episódio ainda não logrou se repetir para ele!

86

ANSIEDADE

"Qual de vós, por ansioso que esteja, pode acrescentar um côvado ao curso da sua vida?" – (Lucas, cap. 12 – v. 25)

Procuremos, sim, nos aceitar como somos, mas não sem deixar de trabalhar para virmos a ser o que devemos.

Não nos entreguemos à excessiva ansiedade por melhora rápida no mundo de nós mesmos, que pode se transformar em doença grave.

Com disciplina e determinação, sigamos adiante na conquista das virtudes que não possuímos, compreendendo que semelhante iniciativa, não raro, é luta para muito tempo.

Sobretudo, não nos rendamos à tristeza improdutiva, que somente nos leva a lamentar as próprias deficiências, sem nada nos acrescentar ao espírito em matéria de otimismo e esperança quanto ao futuro.

Se experimentarmos a queda, não permaneçamos no chão.

Se reincidirmos nas faltas que prometemos a nós mesmos não voltar a cometer, tornemos a renovar nossos votos de pacífica resistência ao assédio da tentação.

A ansiedade fora de controle demonstra que sequer conseguimos ainda o mínimo de conhecimento a respeito da Vida.

Todas as grandes almas se forjaram no cadinho das aflições que souberam converter em motivo para crescente doação de si, em maiores cotas de serviço espontâneo aos semelhantes.

Como poderíamos aspirar às asas do anjo, quando sequer conseguimos a plena utilização dos braços por instrumentos de ascensão aos Planos Mais Altos?

Não deixemos de perseverar, um só dia, no combate às próprias mazelas, mas aprendamos a viver com a alegria de quem já consegue ser feliz, por apenas ter tomado consciência do quanto deve e precisa melhorar.

Humildade também é fruto de sábia resignação.

Na tarefa de construção do prédio de mais bela arquitetura, ninguém pode dispensar o concurso de singela pedra.

Buscquemos, pois, no cumprimento do dever cotidiano, valorizar a atividade rotineira que, a pouco e pouco, nos transfigurará a vontade debilitada em prodigiosa força de realização contra a qual nenhuma outra força haverá de se opor.

87

MATAR A LÁZARO

"Mas os principais sacerdotes resolveram matar também a Lázaro..." – (João, cap. 12 – v. 10)

Por que motivo os sacerdotes teriam deliberado eliminar também a Lázaro?

A resposta é óbvia: é que Lázaro, o irmão de Marta e Maria, que houvera sido ressuscitado pelo Senhor, se constituía em propaganda viva de seu imenso poder espiritual.

Em sistemática oposição à luz, as trevas, quando não conseguem lhe ofuscar o esplendor, lançam-se contra os beneficiários dela.

Porque não logram deter o avanço do Espiritismo, na missão que lhe cabe de restaurar o Evangelho, os seus ferrenhos opositores investem contra aqueles que representam a sua mensagem para o mundo.

De todas as maneiras, os adversários da fé espírita haverão de tentar comprometer moralmente os que lhe abraçaram os postulados – como não podem atingir a obra, tentarão atingir o seu obreiro!

Portanto, quando não seja pensando em preservar a si mesmo, o adepto consciente da Doutrina, a fim de que não se transforme em instrumento de descrédito para ela, carece de se vigiar em qualquer possibilidade de escândalo perante a opinião publica.

Neste sentido, a trama obsessiva costuma ser tão implacável e sutil, que costuma se estender, igualmente, aos afetos mais queridos dos que labutam, entre os homens, pela causa do Evangelho Redivivo.

Àquela época, todos os que haviam sido diretamente beneficiados pelo Cristo passaram a ser vistos como inimigos e eram perseguidos, para que, por sobre a Terra, não restasse nenhum vestígio dele.

Por onde se mostrasse, com a saúde plenamente restabelecida, após ter passado quatro dias sepultado, sem que tivesse necessidade de abrir a boca para falar, Lázaro era poderoso argumento da Verdade, incomodando a consciência dos que contemporizavam com a mentira.

As perseguições sofridas pelos que procuram ser fiéis ao Evangelho, muitas vezes, não possuem caráter pessoal, porque, neles, o que se deseja é continuar retardando a chegada do Reino de Deus, na definitiva vitória do Bem sobre as forças do Mal.

88

NÃO SABEMOS?

"Disse-lhe Tomé: Senhor, não sabemos para onde vais; como saber o caminho?" – (João, cap. 14 – v. 5)

A convivência com Jesus já alcançava mais da metade do tempo, dos três anos que haveriam de passar em sua companhia, e Tomé ainda alegava desconhecimento do caminho a ser percorrido.

Vejamos quanto é difícil admitir para nós mesmos que necessitamos de mudar o rumo da própria vida!

Pacientemente, então, o Mestre repetiu ao companheiro que vacilava na fé: *"Eu sou o caminho, a verdade e a vida; ninguém vem ao Pai senão por mim."*

Passados hoje quase dois mil anos de Evangelho à nossa disposição, será que poderemos continuar alegando que não sabemos a direção em que precisamos seguir?

A questão é que não conseguimos nos afastar da velha estrada de tantas ilusões e fantasias...

Não desejamos pagar o preço pelo rompimento com antigos hábitos e tendências nos quais nos comprazemos...

Não queremos facear novos e desconhecidos desafios, que, para superá-los, exigirão de nós maior esforço que estamos acostumados a fazer...

Então, à semelhança de Tomé, achamos mais fácil nos fazermos de desentendidos, como se a compreensão de nossos deveres prioritários fosse complexa demais.

Antes da pergunta formulada pelo Apóstolo, Jesus havia afirmado, peremptório: *"E vós sabeis o caminho para onde vou"!*

Acaso, não teria sido o Senhor um bom Mestre, ao ponto de não ter deixado claras as lições básicas para os seus discípulos?

Ontem, quanto hoje, o problema não é este, mas, sim, a nossa insistência em continuarmos pretextando ignorância, adiando indefinidamente a decisão que nos cabe tomar, já com significativo atraso.

Em vez de tentar, como fez Tomé, qualquer ludíbrio ao Senhor e à nossa própria consciência, melhor seria que assumíssemos a nossa insensatez e arcássemos com as consequências de nossa indiferença perante a realidade que nos salta aos olhos.

89

PACTO COM AS SOMBRAS

"... porque amaram mais a glória dos homens do que a glória de Deus." – (João, cap. 12 – v. 43)

Mesmo entre os religiosos, encontraremos aqueles que amam *"mais a glória dos homens do que a glória de Deus."*

São os que não sentiram a Mensagem Divina em sua essência e vivem disputando o prestígio que passa...

São os que, facilmente, corrompem a própria consciência, para frequentarem os primeiros lugares entre os grandes do mundo...

São os que, para lograrem o que almejam, abrem mão dos princípios éticos que devem norteá-los...

São os que, pela recompensa da bajulação, não hesitam em trair os companheiros que lhes confidenciam delicados lances da própria vida...

São os que, para auferirem certas vantagens de ordem pessoal, causam enormes prejuízos morais aos semelhantes...

São os que municiam os outros com as pedras da calúnia e maledicência para a lapidação pública daqueles que se lhes opõem às ambições...

São os que, às escondidas, alimentam as labaredas da inveja e do ciúme, com que procuram reduzir a cinzas o esforço de servir dos que lhes contrariam os interesses...

São os que, recorrendo a expedientes desonestos, se especializam em aparentar virtudes que não possuem para melhor enganarem os incautos...

São os que temem o juízo da lei dos homens, mas não temem o juízo das Leis Divinas, que infringem sem o menor receio de consequências...

São os que, segundo as circunstâncias, blefam com a Verdade e fazem o jogo que lhes convém...

São os que, em momento de fragilidade alheia, permanecem à espreita de tirarem proveito da situação que se lhes apresente...

Enfim, são os que, por não inspirarem a menor confiança ao Mundo Espiritual Superior, que os conhece em seus mínimos propósitos e intenções, agem sob a inspiração das sombras com as quais terminam por estabelecer o pacto que muito lhes custará para além desta vida.

90

SEMPRE DE ATALAIA

"... e quem estiver no campo não volte atrás para buscar a capa." – (Mateus, cap. 24 – v. 18)

Quando Jesus se refere à grande tribulação, anunciada como sinais do tempo para que a Humanidade, efetivamente, comece a se renovar de maneira mais profunda e abrangente, ele nos faz uma série de recomendações, dentre as quais destacamos:

– *"... quem estiver sobre o eirado não desça a tirar de casa alguma coisa; e quem estiver no campo não volte atrás para buscar a capa".*

Como devemos interpretar semelhantes palavras que, há quase dois mil anos, o Divino Mestre nos endereçou por advertência?

Acreditamos que ele nos quis prevenir sobre a necessidade de não debandarmos do que, espiritualmente, nos seja essencial – que deixemos para trás tudo quanto não nos seja de interesse imediato ao espírito!

Sobretudo, que perseveremos na busca dos reais valores da existência, pois, quando chegar o instante da justa aferição, eles serão os únicos que poderemos transportar conosco – os únicos que nos poderão advogar a causa.

Todavia, como igualmente o Senhor nos disse que *"a respeito daquele dia e hora ninguém sabe, nem os anjos dos Céus, nem o Filho, senão somente o Pai"*, compete-nos permanecer sempre de atalaia, a fim de que não sejamos pegos de surpresa.

Ele, ainda, se reporta ao que aconteceu nos dias de Noé, quando ignorando os avisos em torno do dilúvio, os homens comiam e bebiam como se nada fosse ocorrer.

Estamos, sem dúvida, dos Dois Lados da Vida, atravessando os tempos de transição tão ansiosamente acalentados pelos homens para as mudanças a serem concretizadas.

A hora, pois, não é a de deserção ao dever, nem tampouco de correr atrás de novidades em matéria de fé, através daqueles que haverão de se levantar no mundo como profetas da salvação humana.

Permaneçamos firmes *"no campo"*, ou seja, em nosso posto de serviço espiritual, convictos de que, mesmo que sejamos arrebatados pelo turbilhão, somente em nossa sincera determinação no bem, haveremos de nos resguardar de todo mal.

91

QUASE SEMPRE

"E ele respondeu: O que mete comigo a mão no prato, esse me trairá." – (Mateus, cap. 26 – v. 23)

Quase sempre, as maiores oposições que enfrentamos partem daqueles que desfrutam ou desfrutaram de certa intimidade conosco.

Atentemos para a palavra do Cristo: *"O que mete comigo a mão no prato, esse me trairá"*.

Judas se sentava à mesa com Jesus e partilhava com ele o mesmo pão.

Por estar bem-informado a respeito de seu paradeiro, pôde informar com precisão onde seria encontrado, na fatídica noite em que foi feito prisioneiro.

Os mais ferrenhos e implacáveis opositores são os amigos tornados inimigos.

Daí a necessidade de prudência no relacionamento de qualquer natureza afetiva, compreendendo que a nossa fragilidade é a dos outros também.

Muitos, quando contrariados em seus interesses, podem se voltar contra nós e, no intuito de destruir-nos, passar a divulgar as nossas fraquezas.

Porque não nos obtêm o aval em determinadas questões que, pessoalmente, lhes interessam, há quem, com o propósito de desmoralizar-nos, nos faça inúmeras acusações descabidas.

A ninguém confiemos, por inteiro, os nossos corações.

Somente ao Senhor efetuemos confidências sobre as nossas vidas.

Há quem estime mais bem nos conhecer, para, depois, nos submeter a extorsões de toda ordem.

Jesus não ignorava as imperfeições dos companheiros e tinha plena consciência de suas limitações.

Não nos deixemos, pois, surpreender por golpes da retaguarda.

Sobretudo, acautelemo-nos para que não venhamos a ser quem cometa atitude de ingratidão para com aqueles que foram ou são nossos benfeitores.

Não olvidemos que as trevas sempre localizam algum de seus representantes próximo a nós, para espreitar-nos e, no momento aprazado, desferir-nos certeiro golpe comprometedor na tarefa.

92

SERIA INGENUIDADE

"Então uns cuspiram-lhe no rosto e lhe davam murros, e outros o esbofeteavam..." – (Mateus, cap. 26 – v. 67)

Por muito tempo ainda, o fiel servidor do Cristo não deve esperar dos homens diferente tratamento do que lhe foi dispensado no Sinédrio.

Antes que fosse submetido à suprema humilhação na cruz, ele padeceu humilhação suprema em seu julgamento.

Escarnecido e vilipendiado, porém, não cedeu às artimanhas do mal.

Mostrou-se disposto a pagar o alto preço que lhe era exigido por seu amor à Verdade.

Não imaginemos que, nos labores da Causa que

abraçamos, não seremos molestados e perseguidos por seus adversários.

Seria muita ingenuidade de nossa parte, supor que pudéssemos permanecer incólumes.

Antes, as armas de que dispunham era a prisão e o lenho, a tortura e a morte; hoje, de preferência, é a desmoralização de caráter público...

Sem o menor escrúpulo e contrariando os próprios princípios que dizem defender, que são os da vera fraternidade, tecerão contra nós verdadeira rede de intrigas.

Para imolar-nos, valer-se-ão das pedras da calúnia e da maledicência que apanharão à sua volta.

Classificar-nos-ão com o rótulo de mistificadores e obsessos vulgares, que, em realidade, pela sanha com que contra nós se lançam, pertence a eles e não a nós.

E, caso não disponham de elementos para diretamente atingir-nos, vasculharão a vida dos entes que nos são queridos, explorando-lhes a fragilidade.

Não ignoremos a humanidade de nossos companheiros de Ideal, supondo que a Doutrina tenha a capacidade de transformá-los, de imediato, em criaturas incorruptíveis.

Muitos deles, inclusive, com a mente subjugada pelas trevas, não hesitarão em nos armar delicadas ciladas, mesmo no campo da mediunidade em que labutamos, para surpreender-nos em possíveis contradições e, assim, afastar-nos do caminho de suas ambições.

93

GUARDEMO-NOS!

"Preveniu-os Jesus, dizendo: Vede, guardai-vos do fermento dos fariseus e do fermento de Herodes." – (Marcos, cap. 8 – v. 15)

O que devemos entender, quando Jesus disse aos seus discípulos que eles deveriam se guardar do fermento dos fariseus e de Herodes?

Que fermento seria esse?

Com certeza, o Mestre se referia ao "fermento" de tudo quanto possa fazer crescer dentro de nós o que nos seja causa de infelicidade.

O fermento da cobiça...

O fermento da luxúria...

O fermento da vaidade...

O mundo, em oferta gratuita e abundante, está repleto de "fermento" que não é de boa qualidade espiritual.

Quanto mais nos mostrarmos desprevenidos contra as coisas negativas, mais lhes padeceremos a avassaladora influência.

Uma palavra leviana, acrescentada à nossa falta de vigilância, pode se expandir em comentários desairosos sobre a vida de alguém.

A simples dúvida, quando juntada à nossa insegurança íntima, pode vir a se transformar em incredulidade.

Pequena concessão que hoje fazemos ao mal, somada à outra pequena concessão amanhã, atingirá proporções inimagináveis.

Toda erva daninha, quando não combatida de maneira persistente, tende a se alastrar sobre a gleba, comprometendo a lavoura.

O vício de beber começa num simples trago.

A fim de se sustentar, uma mentira costuma pedir outra mentira.

Quem conhece as suas fragilidades não se expõe ao que delas possa se aproveitar.

A recomendação de Jesus é clara: *"... guardai-vos do fermento dos fariseus e do fermento de Herodes"!* Ele sabia o perigo que representava e representa para quem não se encontra suficientemente fortalecido a proximidade com tudo que se lhe constitui em objeto de tentação, porque, em verdade, ainda não estamos preparados para não termos receio de que, de uma hora para outra, o mal consiga se apossar completamente de nossos espíritos.

94

TEMPERANÇA

"(...) Tende sal em vós mesmos e paz uns com os outros." – (Marcos, cap. 9 – v. 50)

Jesus, falando aos discípulos, recomenda que tenham sal em si, ou seja, temperança.

Por definição, temperança, entre outros significados que comporta a palavra, também se traduz por equilíbrio.

Muitas vezes, observamos que, aos seguidores do Evangelho, é justamente o que falta – equilíbrio emocional e espiritual que lhes possibilite conviver em paz.

Em muitas ocasiões, com sérios danos para a obra empenhada em suas mãos, os tarefeiros se entregam a longas e estéreis discussões de caráter doutrinário que nada acrescentam ao campo de suas atividades fundamentais.

Qual se ainda se vissem cativos de fanatismo inconsequente, atritam-se mutuamente, em encarniçada luta pela posse da Verdade que não é propriedade exclusiva de ninguém.

Sem pacífico relacionamento, portas adentro de seu movimento de libertação das consciências, em vão, os adeptos do Espiritismo destacarão a excelência de sua mensagem ao mundo.

A união de propósitos na luta pela vitória do Ideal é impossível, sem que, no mínimo, haja respeito pelo modo de pensar diferente do companheiro que a nós se associa com o mesmo objetivo.

Há séculos que os religiosos vêm acendendo fogueiras por questiúnculas de natureza teológica.

Em todos os tempos, excessivo apego à letra é opressão do espírito.

Se nos entendemos no essencial, releguemos ao futuro as discussões concernentes a detalhes de somenos.

Para o sedento, o recipiente não pode ser mais importante que a água que lhe mata a sede.

A virtude da temperança não dispensa naquele que julga possuí-la o exercício da autocrítica.

Procuremos nos conter em nossas opiniões e atitudes, porque o Cristo, sabiamente, não nos recomendou a paz isolada a uns e a outros, mas, sim, a paz uns com os outros, cabendo a cada um de nós a iniciativa de estabelecê-la.

95

DAÍ A POUCO

"E muitos estendiam as suas vestes no caminho, e outros, ramos que haviam cortado dos campos." – (Marcos, cap. 11 – v. 8)

A entrada triunfal de Jesus em Jerusalém, sendo saudado pela multidão em festa, dá-nos ideia de que, por fim, a sua condição de Messias seria aceita sem mais questionamentos.

Todavia, daí a pouco – quem sabe –, o mesmo povo que o aclamava estaria, em praça pública, pedindo a sua condenação.

Que a lição nos sirva de advertência, a fim de que não nos iludamos quanto à oposição que, durante muito tempo, a Verdade ainda há de enfrentar no mundo.

Infelizmente, os homens costumam mudar de opinião segundo as próprias conveniências.

Hoje, de acordo com os seus interesses, muitos estarão conosco, endossando as nossas palavras e atitudes; amanhã, os mesmos que nos aplaudem estarão dispostos a nos apedrejar...

Os que hoje nos hipotecam solidariedade haverão, amanhã, de nos negar apoio...

A multidão, como ser coletivo, sempre se mostrou influenciável pelos que sabem utilizá-la como massa de manobra em seus objetivos escusos.

Não nos deixemos, pois, empolgar pelas manifestações de fugaz entusiasmo alheio, na tarefa do Cristo sob a nossa responsabilidade.

Acima de tudo, procuremos ficar com a aprovação da consciência, sem ligar excessiva importância ao que digam ou escrevam a nosso respeito, seja no campo da crítica ou do elogio.

O Senhor, ovacionado pelos habitantes de Jerusalém, manteve-se imperturbável em sua trajetória, porque sabia que, daí a pouco, estaria trilhando o caminho do Calvário sob os apupos quase generalizados dos que, inclusive, haviam, talvez, estendido as suas vestes para que ele, montado em um jumentinho, passasse sobre elas.

Portanto, não nos enganemos quanto ao testemunho solitário que, embora cercados, agora, por muitos amigos e partidários da Causa que abraçamos, inevitavelmente, daí a pouco, seremos chamados a prestar, apenas contando com a incondicional proteção de Deus.

96

MAS NÃO TÃO PERTO

> *"Vendo Jesus que ele havia respondido sabiamente, declarou-lhe: Não estás longe do Reino de Deus. E já ninguém mais ousava interrogá-lo." – (Marcos, cap. 12 – v. 34)*

Interessante o diálogo que Jesus mantém com o escriba que lhe pergunta qual é *"O principal de todos os mandamentos"*.

Respondendo que não há outro mandamento maior do que amar a Deus e ao próximo como a si mesmo, o Senhor escuta o homem que o interrogara dizer:

"... amar ao próximo como a si mesmo excede a todos os holocaustos e sacrifícios".

Ora, tal conclusão, partindo de um judeu ortodoxo, deixou o Mestre extremamente entusiasmado em relação ao seu futuro espiritual, chegando a lhe dizer o que, até então, não dissera a nenhum outro homem: *"Não estás longe do reino de Deus"*.

Observemos que, dizendo que ele não estava longe, o Senhor não disse que ele estava perto...

Faltava-lhe, com certeza, o trecho mais difícil de caminho a ser percorrido – o da vivência do que ele já sabia!

O passo mais importante e decisivo ainda não havia sido dado por ele – o da exemplificação!

O conhecimento espírita, igualmente, nos coloca mais próximos do Reino de Deus, mas não tão perto quanto muitos de nós possamos imaginar.

Saber o que já sabemos, a respeito da Vida após a morte, não nos garante um lugar privilegiado no Mundo Espiritual.

Estarmos informados por outrem acerca da realidade é bem diferente do que a termos constatado por nós mesmos.

O escriba não estava longe de alcançar o Reino, mas, passados quase dois mil anos, é possível que ele ainda sequer tenha chegado às suas portas – e isto, é óbvio, se, em algum pedaço de caminho, distraído com a paisagem, ele não parou de caminhar...

Porque muitos, não estando tão longe, podem perfeitamente ser ultrapassados por aqueles que, movimentando-se na retaguarda, deliberam caminhar com maior determinação que aqueles outros que, convencidos de que estão quase a chegar, diminuem o ritmo dos próprios passos.

97

VENCENDO A MORTE

"Diziam umas às outras: Quem nos removerá a pedra da entrada do túmulo?" – (Marcos, cap. 16 – v. 3)

Escreveu o Evangelista que, no terceiro dia após a crucificação, muito cedo, ao despontar do Sol, Maria Madalena, Maria, mãe de Tiago, e Salomé foram ao túmulo onde o corpo de Jesus havia sido encerrado.

Desejavam embalsamá-lo com aromas, prestando ao Divino Mestre carinhosa homenagem.

Àquela época, a porta de entrada dos túmulos era fechada com enorme e pesada pedra, que somente a força de muitos homens poderia remover.

Qual não foi, porém, a sua grata surpresa, quando viram que, sem toque de mão humana, a pedra havia sido afastada e, então, puderam se deparar com um jovem sentado sobre o túmulo, anunciando que Jesus houvera ressuscitado.

Ante o sepulcro absolutamente vazio, daquele inesquecível dia em diante, a morte, para sempre, fora subjugada pela Vida em triunfo!

O Cristo, redivivo, se encarregara, ele mesmo, de responder à aflitiva pergunta das três pobres mulheres que, em essência, traduzia as dúvidas da Humanidade concernentes à sobrevivência da alma após a morte do corpo.

Após o episódio que, em poucas palavras sintetizamos acima, o Cristo, na glória de sua ressurreição, torna a se mostrar a Maria Madalena que, com o coração saltando de alegria, vai anunciá-lo aos companheiros que se achavam tristes e chorosos.

O Senhor não viera ao mundo apenas para, com a sua Palavra, trazer mais vida à vida da alma, mas, igualmente, para demonstrar que a morte nada mais significa que porta de entrada para a Verdadeira Vida.

Como os Apóstolos se revelassem vacilantes em aceitar o testemunho de Madalena, Jesus, em sucessivas aparições, mostra-se aos caminheiros de Emaús, para, logo em seguida, aparecer aos onze e censurar-lhes a incredulidade e dureza de coração.

Assim, o Espiritismo, que se baseia no contato entre os vivos da Terra e os vivos do Mundo Espiritual, através dos canais legítimos da mediunidade, é também a revivescência do intercâmbio que o Cristo, por iniciativa sua, veio descerrar aos homens, permitindo que o vissem, o tocassem e com ele dialogassem.

98

O CÂNTICO DE MARIA

"Derrubou dos seus tronos os poderosos e exaltou os humildes." – (Lucas, cap. 1 – v. 52)

Belo e profundo, o Cântico de Maria, ante a saudação de Isabel, que era visitada por ela, quando ambas ainda estavam no período de sua abençoada gestação.

As palavras que, então, pronunciou estão recamadas de sabedoria, profetizando o que significaria para a Humanidade o advento de Jesus

Realmente, é simples questão de tempo que, por fim, a justiça se faça para todos os homens.

Os poderosos, gradativamente, vêm sendo derrubados de seus tronos, porque a morte lhes ceifa todas as ambições.

Os simples e os humildes, que, igualmente, foram

bem-aventurados pelo Cristo, no Sermão do Monte, herdarão a Terra, ou seja, serão escolhidos para povoá-la, quando ela se elevar na hierarquia dos mundos.

Ao fim do grande embate que se trava, da luz contra as trevas, a Verdade e o Amor haverão de permanecer, vitoriosos, felicitando todas as criaturas que, ao longo dos séculos vêm se imolando pelos valores do espírito.

O Reino de Deus, sem violência alguma, se levanta no coração das criaturas que por ele anseiam.

Sucessivas oportunidades de regeneração vêm sendo oferecidas aos espíritos recalcitrantes, porque a Lei Divina jamais age com arbitrariedade e respeita o livre-arbítrio das criaturas.

Não há quem possa se queixar de que lhe faltou ensejo de arrependimento pelos erros cometidos e, mais, condições propícias para repará-los.

O que se nota é que o mal, verdadeiramente, se encontra agonizando – todavia ainda luta para tentar impor-se à força determinante do Bem.

Dos escombros da civilização que se esboroa, implodindo no excesso de seus desmandos, ergue-se Nova Era de paz.

Supostamente vencido na cruz, há quase dois mil anos fisicamente imobilizado, apenas e tão-somente pelo poder do Amor, o Cristo vencerá!

Assim há de ser, porque é da Lei que assim seja.

99

CEGUEIRA ESPIRITUAL

"Respondeu-lhes Jesus: Se fôsseis cegos, não teríeis pecado algum; mas, porque agora dizeis: Nós vemos, subsiste o vosso pecado." – (João, cap. 9 – v. 41)

Realmente, existem muitas pessoas assim: para não terem que assumir responsabilidade, elas não querem saber!

Muitas delas, inclusive, chegam mesmo a tapar os ouvidos com as mãos, para não registrarem as palavras que lhes acordariam a consciência...

Outras temem descerrar as páginas deste ou daquele livro, para que, depois, não tenham que responder pelo que leram.

Copiando a atitude leviana dos fariseus, quanto à cegueira espiritual voluntária em que faziam questão de se manter, de fato, muitos são os que permanecem na superfície do Conhecimento Espírita, para, mais tarde, não serem chamados a inevitável prestação de contas.

Contentam-se em se saberem imortais, mas não assumem as consequências éticas que isto deveria lhes advir para a própria vida no cotidiano.

Limitam-se eles a estar informados quanto à Pluralidade das Existências, mas receiam qualquer aprofundamento no que tange à Reencarnação noutras dimensões, porque preferem sonhar com um caminho de mais fácil acesso à evolução.

Porque estão convencidos de que um maior esclarecimento ainda mais pode responsabilizá-los, imaginam, mais tarde, poder aliviar-se de alguma culpa, argumentando com os elementos da ignorância deliberada.

Inútil, porém, a tentativa de nos esquivarmos à luz da Verdade, que se projeta ao derredor de nossos passos, em todos os caminhos.

O espírita é alguém que já se encontra suficientemente informado para, quando em erro, se encaminhar ao banco dos réus sem que a tal se sinta constrangido por quem quer que seja.

Mormente você, meu caro, após ter lido esta pequena página que termino de escrever, e eu, que acabo de redigi-la, estamos na mesma condição daqueles fariseus que, com certeza, talvez preferissem nunca ter cruzado com o Cristo em seu caminho e muito menos ouvi-lo falar, a fim de continuarem se escudando na velha desculpa: - Ah, Senhor, eu não sabia!...

Só que, feliz ou infelizmente, eu a escrevi e você a leu, e, em trocados e miúdos, nós passamos a enxergar e, se não mudamos, o pecado subsiste em nós.

100

UM SÓ CORPO E ESPÍRITO

"Eu lhes tenho transmitido a glória que me tens dado, para que sejam um, como nós o somos." – (João, cap. 17 – v. 22)

Jesus, evidentemente, não anunciou o Evangelho, apenas aos homens na Terra. Antes que tomasse forma entre os encarnados, ele pregou a Boa Nova aos espíritos que habitam as múltiplas dimensões que a rodeiam, inclusive as mais inferiores que se localizam no "âmago" do Orbe.

O propósito do Senhor é, pois, que venhamos a constituir uma unidade, sem que, no entanto, percamos a própria individualidade.

Sendo um com Deus, o Cristo mantinha consciência de si mesmo.

A grande diversidade humana, em todos os aspectos da evolução, mas notadamente no campo moral e intelectual, é característica de imperfeição.

Quanto mais desiguais entre nós, menos unidos a Deus.

Tal qual o corpo biológico, a Humanidade, um dia, há de constituir um todo harmônico.

O Evangelho de Jesus é roteiro para que as diferenças que nos assinalam desapareçam.

No versículo seguinte ao que nos encima os comentários neste capítulo, João anotou: *"... eu neles e tu em mim, a fim de que sejam aperfeiçoados na unidade..."*

O espírito parte da Unidade, que é Deus, individualiza-se na multiplicidade para à Unidade retornar, pleno de Amor e Sabedoria.

No Grande Futuro, com o Cristo, haveremos de ser um só espírito – aliás, como já o somos, mas sem consciência de que somos!

Todas as barreiras que nos separam, terão que, necessariamente, ser derrubadas – caso contrário, não nos irmanaremos.

Feliz daquele que já começa a possuir esta visão mais abrangente e profunda da Vida e se predispõe à compreensão do outro, seja este outro qual for.

Os nossos vínculos com o próximo carecem de aumentar e de se estreitar, o que, naturalmente, inclui os nossos laços com a Natureza, com o Mundo Espiritual que nos cerca, estendendo-se, por fim, a todo o Universo.

Daí, a necessidade de combate sistemático ao egoísmo e suas manifestações, que é movimento contrário a tudo aquilo que o Cristo veio nos ensinar, para que, com Ele, sejamos um só corpo e um só espírito.

E-mail: edvitoria@mednet.com.br

AV. CEL. JOAQUIM DE OLIVEIRA PRATA, 668
FONES (34) 3336-5155 / 3336-6588
B. BOM RETIRO . CEP 38022-290 . UBERABA-MG